KB145334

아마존닷컴 경제학 개정판

Copyright ⓒ acorn publishing Co., 2016. All rights reserved.

이 책은 에이콘출판(주)가 저작권자 류영호와 정식 계약하여 발행한 책이므로
이 책의 일부나 전체 내용을 무단으로 복사, 복제, 전재하는 것은 저작권법에 저촉됩니다.
저자와의 협의에 의해 인지는 붙이지 않습니다.

개정판

인터넷 거상 제프 베조스의 성공 신화

아마존닷컴 경제학

류영호 지음

i!i
에이콘

에이콘출판의 기틀을 마련하신 故 정완재 선생님 (1935-2004)

류영호

비즈니스 칼럼니스트며, 현재 교보문고 콘텐츠사업단 차장으로 있다. 주로 온라인과 디지털·모바일 관련 신규 사업 및 전략 기획 분야에서 국내외 유수 기업들과 제휴 프로젝트를 추진했다. 커머스, 콘텐츠, 미디어, 플랫폼 비즈니스에 관심이 많아 현장의 경험과 이론을 공유하고 있다. 한겨레교육문화센터, 디지에코, 하버드비즈니스리뷰코리아, 기획회의 등을 통해 콘텐츠와 플랫폼 비즈니스, 전자출판 등을 주제로 강의하고 칼럼을 썼다. 저서로는 『출판 혁신 전략』(민음사, 2013), 『세계 전자책 시장은 어떻게 움직이는가』(한국출판마케팅연구소, 2014)가 있다. 2015년 '제21회 한국출판평론상'을 수상했다.

이메일: bookerslab@gmail.com
블로그: bookerslab.tistory.com
트위터: @pageraum
페이스북: www.facebook.com/ryuyoungho75

| 지은이의 말 |

'Get big fast'에 집중하다

흔히 '아마존Amazon'이라고 하면 남미에 있는 세계 최대의 강江을 먼저 떠올리게 된다. 그 명성에 걸맞게 아마존은 지구 최대의 자연 생태계를 자랑한다. 그리고 우리는 아마존의 웅장한 모습을 통해 거대한 플랫폼 기업을 떠올린다. 실제로 인터넷 비즈니스의 표준을 만든 '아마존닷컴Amazon.com'(이하 아마존)의 비즈니스 생태계는 아마존의 그것과 매우 닮았다. 온라인 서점에서 강력한 커머스 플랫폼으로 성장한 아마존은 고객이 원하는 세상의 모든 것을 판매한다.

고객을 최우선으로 생각하는 아마존의 사업 철학은 모든 임직원들에게 철저히 스며들어 있으며, 아마존 고객 서비스의 품질과 만족도는 자타공인 이미 세계 최고 수준으로 자리매김했다. 아마존은 수없이 쏟아지는 고객의 이용 행태와 주문 배송 데이터를 체계적으로 수집하고 분석한다. 그리고 그 결과를 아마존 특유의 일대일 맞춤형 마케팅과 서비스 효율을 개선하는 데 끊임없이 적용한다.

온라인 채널의 특성상 고객을 직접 대면하지 않지만, 아마존은 누가 '단골' 고객이고 어떤 상품을 추천해야 하며 결국 어떤 것을 구입하게 될지 깊이 있게 연구했다. 또한 아마존은 저렴한 가격, 다양한 상품 카테고리, 편리한 이용 경험을 선순환시키며 사업을 실행했다.

아마존은 'Get big fast'라는 슬로건으로 경쟁자보다 '빠르고 크게' 사업을 추진한다. 출판 유통 패러다임의 혁신을 불러온 킨들kindle과 IT 인프라 서비스의 강자로 자리잡게 한 아마존웹서비스AWS, Amazon Web Services가 대표적이다.

아마존은 항상 고객을 중심에 두면서 신사업의 구조를 설계하고 개선했다. 그리고 부족한 역량을 채우고 선제적으로 시장을 장악하기 위해 파트너들과의 협력을 강화했다. 아마존이 진출한 상품과 서비스의 카테고리는 게임 체인저Game Changer가 돼 대부분 압도적인 위치에 있다.

아마존은 지속 가능한 성장을 최고의 목표로 꼽는 기업이다. 따라서 가장 충실한 모습을 투자자와 고객에게 보여주고 있다. 지난 20년 넘게 엄청난 위기를 도전과 열정으로 극복한 아마존의 사례는 여러 매체와 강연을 통해 이미 수차례 소개됐다.

이번 개정판은 총 여섯 개의 장으로 구성돼 있다. 종전의 기본적인 구조는 유지하되, 초판 출간 이후 보편화된 사항을 다룬 내용은 가급적 배제했다. 이와 함께, 아마존의 사업 전략을 3CCommerce, Contents, Cloud Computing로 구분하고 구체적인 추진 사항과 시사점을 담았다.

1장은 아마존의 탄생과 성장에 대한 이야기, 2장은 제프 베조스의 성장기와 창업부터 현재까지의 이야기, 3장은 커머스 관점에서 본 아마존의 성공 전략, 4장은 콘텐츠 관점에서 본 성공 전략, 5장은 클라우드 컴퓨팅 관점에서 본 성공 전략, 6장은 옴니채널, 사물인터넷, 드론, 소셜 네트워크 등을 아우르며 거대 플랫폼으로 확장하고 있는 아마존의 현주소를 각각 다뤘다.

최근 디지털과 모바일이 대부분의 산업을 이끌어가고 있으며, 아마존과 제프 베조스에 대한 이해는 미래 비즈니스를 위한 필수 과정이다. 제프 베조스는 아마존을 탄생시켰고, 지금도 성장의 중심에서 사업을 진두지휘하고 있다. 그는 경영의 효율성만을 강조하며 주주들의 눈치를 보는 수동적인 기업가와는 전혀 다른 길을 가고 있다. 출생 과정부터 남다르며 평범하지 않은 유년기를 보냈지만, 긍정적인 생각으로 초심을 잃지 않는 그의 모습은 경쟁자들을 압도한다.

아마존은 사업 확장에 한계가 없으며, 주가에 대한 시장의 우려와 기대에 대해서도 민감하지 않다. 매출액이 증가했으나 흑자를 내지 못해 투자자들의 불만이 높아져도 원칙을 고수한다. 이처럼, 제프 베조스의 경영 철학에서 중요한 원칙은 단기적으로 손해를 보더라도 장기적 관점에서 시장 지배력을 높일 수 있다면 과감히 투자하는 것이다.

우리는 도전과 열정으로 무장된 아마존의 기업 정신과 운영 효율성, 그리고 고객 최우선의 마케팅 전략을 배워야 한다. 기업은 생물과 같아서 역동성을 가져야 한다. 따라서 우리 기업들 역시 아마존과 경쟁하고 협력하면서 생존력을 키워야 한다.

아마존은 두려움의 대상이 아니다. 오히려 아마존과의 경쟁을 통해 아마존을 능가하는 국내 기업이 나올 수도 있다. 그러기 위해서는 아마존을 잘 알고 있어야 한다. 아마존은 닷컴의 1세대이자 신화로서 후배 기업들의 표본이 되고 있다.

아마존과 제프 베조스는 이미 수많은 변화와 지속적인 성장을 우리에게 보여줬다. 대표적으로 전자책 킨들 사업을 꼽을 수 있으며, 새로운 세대의 디바이스와 강력한 플랫폼을 앞세워 해외 시장을 본격적으로 확대하고 있다.

미래 비즈니스에 지속적으로 투자하고 기존 사업의 효율을 강화하기 위해 아마존의 성장 엔진은 점점 더 빠르고 더 강력하게 움직이고 있다. 이 책에 아마존의 모든 것을 담을 수는 없었다. 지금 이 시간에도 아마존은 고객을 향해 달리고 있기 때문이다.

이 책을 통해 세계 최고의 기업으로 자리잡은 아마존과 그 창업자인 제프 베조스에 대해 더 많이 알게 될 뿐 아니라, 지속 가능한 성장과 열정이 필요한 기업과 개인의 발전에 조금이나마 도움이 됐으면 한다.

감사 인사를 드려야 할 분들이 많다. 초판에 이어 개정판이 나오기까지 저자의 부족한 점을 채워주신 에이콘출판사 권성준 사장님을 비롯한 모든 관계자분들, 흔쾌히 초판의 추천사를 써주신 존경하는 분들께 감사의 말씀을 올린다. 마지막으로, 초판에 이어서 원고를 쓰고 다듬는 동안 격려와 지원을 아끼지 않은 사랑하는 아내와 소중한 두 아들, 그리고 양가 가족 분들께도 감사드린다.

| 차례 |

지은이 소개 · 5 지은이의 말 · 6

1장 아마존닷컴의 탄생과 성장

세상에서 가장 큰 서점 · 15 고객 최우선주의와 도전 정신 · 26
사업 구조와 브랜드 관리 · 31 아마존의 리더십 원칙 · 34
사회 공헌 활동과 스타트업 지원 · 43

2장 제프 베조스의 전성시대

천재 소년과 창업가의 길 · 53 담대한 도전, 위기와 극복 · 58
아이디어 머신의 경영 철학 · 70 미래의 꿈을 실현하는 우주항공 사업 · 77
언론 생태계의 혁신, 「워싱턴포스트」 · 80

3장 커머스 제국: 온라인 사업의 기본에 충실하라

온라인 커머스 사업의 표준 · 87 원클릭과 맞춤형 추천 시스템 · 89
강력한 충성 고객, 프라임 회원 · 93 공격적 제휴와 기업 인수 · 99
지속적인 물류 인프라 구축 · 106 롱테일 법칙과 신규 서비스 발굴 · 120
소셜 커머스 진출의 명암 · 123 진화하는 아시아 지역 전략 · 130

4장 콘텐츠 제국: 빠르고 강하게 시장을 지배하라

전자책 시장의 게임 체인저 • 137 킨들 플랫폼의 채널 확장 • 153
출판 사업과 유통의 혁신 • 164 안드로이드와 아마존 앱스토어 • 171
오디오, 비디오, 게임 사업 추진 • 177

5장 클라우드 제국: 신뢰받는 IT 인프라를 제공하라

클라우드 컴퓨팅과 아마존의 혁신 • 187 최고의 신성장 엔진, AWS • 195
빅데이터 시대를 주도하는 아마존 • 202 아마존코리아의 행보와 전망 • 207

6장 플랫폼 제국을 위한 끝없는 도전

사물인터넷의 확장, 대시와 알렉사 • 215 홈 서비스 플랫폼과 에코 • 219
드론 배송의 혁신, 아마존 프라임 에어 • 224 소셜 리딩의 선두 주자, 굿리즈 • 227
O2O와 옴니채널 플랫폼, 아마존북스 • 233

마치며 • 242 참고 문헌 • 245 아마존닷컴 주요 연혁 • 247 찾아보기 • 255

1장

아마존닷컴의 탄생과 성장

세상에서 가장 큰 서점

고객 최우선주의와 도전 정신

사업 구조와 브랜드 관리

아마존의 리더십 원칙

사회 공헌 활동과 스타트업 지원

세상에서 가장 큰 서점

1994년 7월에 설립된 아마존의 미션mission은 '고객이 사고 싶어 하는 어떤 상품이든 온라인으로 찾아 구매할 수 있도록 세상에서 가장 고객 중심적인 기업이 되는 것To be Earth's most customer-centric company where people can find and discover anything they want to buy online.'이다. 아마존의 모든 조직과 시스템 운영 목표의 최상위에는 항상 고객customer이 있다. 온라인 쇼핑몰은 비교적 진입 장벽이 낮은 사업 영역임에도, 아마존이 치열한 경쟁을 이겨내며 지금까지 살아남을 수 있었던 것은 철저하게 고객 중심적이기 때문이다.

아마존은 고객의 입장에서 생각하고, 고객이 무엇을 원하는지와 고객에게 무엇을 어떻게 해주는 것이 올바른 방향인지 고민하고 계획을 수립하며 실행했다. 아마존이 변화하는 모습을 보면서 고객들은 열광했고, 마침내 입소문 마케팅word of mouth marketing으로 연결됐다.

제프 베조스는 아마존을 강박적일 만큼 고객을 최우선적으로 생각하는 기업으로 기억해주기를 원했다. 아마존은 대부분 온라인을 통해 고객들과 소통하기 때문에 오프라인 기업에 비해 비즈니스 접점에서 이탈하는 경우가 많다. 따라서 고객을 더 잘 알고 더 친절히 지원하기 위해 경쟁자들에 비해 그만큼 더 많은 시간과 비용을 투자한다.

아마존은 고객마다 맞춤형 웹 페이지를 제공하면서 단골 고객화에 주력한다. 마치 오프라인 매장에 들어서는 것처럼, 원하는 것을 신속하게 찾아주고 궁금증을 해결하는 데 집중한다. 아마존을 한 번이라도 이용해본 고객들은 진정 고객을 생각하는 쇼핑몰이 어디인지 쉽게 판단할 수 있다. 그만큼 아마존의 차별화된 서비스는 경쟁사를 압도하고 있다. 아마존은 다양한 상품 분야를 저렴한 가격에 구입할 수 있는 완벽한 커머스 플랫폼을 구축했다. 모든 고객들에게 최상의 쇼핑 경험을 제공하기 위해 매출과 이익의 확대보다 고객의 만족도와 재구매율을 더욱 중시한다.

아마존은 1995년 기존의 우편통신 판매 방식에서 진일보한 온라인 서점 시스템을 구축했다. 당시 아마존은 고객이 상품평을 등록할 때 좋지 않은 평가까지도 모두 등록할 수 있게 만들었다. 이에 따라 출판사나 관련 파트너 기업들이 수차례 항의했지만, 아마존은 단순히 상품을 팔아 돈을 버는 것이 아니라 고객의 구매 결정을 도와 돈을 버는 것이 자사의 목표라고 당당히 밝혔다. 이러한 아마존의 철학은 장기적으로 아마존의 발전을 이끈 핵심 가치로 여전히 유효하다.

아마존은 2007년 전자책 킨들kindle을 출시한 이후 기존의 유통 중심 사업 모델을 넘어 본격적으로 3C 전략을 추진하고 있다. 3C는 커머스Commerce, 콘텐츠Contents, 클라우드 컴퓨팅Cloud computing을 의미한다.

아마존과 판매자들은 책, 영화, 음악, 게임 디지털 다운로드, 전자 제품, 컴퓨터, 가정용품, 원예용품, 장난감, 유아용품, 신생아용품, 청과물, 의류, 신발, 보석, 의료용품, 미용용품, 스포츠, 야외 활동, 연장, 자동차, 산업용품 등 수백만 가지의 독특하고 새로운 아이템, 재활용품, 중고상품 등을 판매한다. 현재 아마존에는 제휴 관계 네트워크로 묶인 200만 개 이상의 판매상seller들이 B2C와 B2B 채널을 통해 제3자 물류 및 직거래 방식으로 파트너십을 맺고 있다.

아마존의 기업 슬로건은 'Get big fast(빠르게 실행해서 크게 만들자.)'로, 아마존의 모든 사업 기획과 실행에 있어 핵심이자 상징이다. 아마존은 온라인 서점의 성공에 안주하지 않고 끝없는 혁신과 도전을 거듭하고 있으며, 'Get big fast'를 실행하기 위해 세 가지 전략을 추진했다.

1. 구매력 강화Buying power: 규모를 크게 유지하며 공급자에게서 받는 할인율을 높인다. 공급자는 아마존의 자체 리스크risk를 모르지만, 일단 규모를 크게 늘린 물량에 대해 공급률을 낮추는 것은 유통업계의 관행이라 이해 가능한 측면이 많았다.

2. 브랜드와 신뢰Brand & Trust: 공급자나 제휴사들과의 신뢰를 공고히 쌓는 것이다. 사업은 신용이 생명이라는 말은 변하지 않는 진리다. 신뢰를 얻기는 매우 어렵지만, 잃는 것은 한순간이다. 아마존은 출판업계에서 반스앤노블Barnes & Noble보다 상위에 있는 월드클래스 수준의 브랜드가 되기 위해 상당히 노력했다. 온라인 서점이라고 하면 바로 아마존이 고객들의 머릿속에 떠오를 수 있도록 분위기를 만들었다.
3. 원가관리Cost management: 대규모 고객으로 인한 높은 고정비를 온라인을 통해 대폭 절감할 수 있도록 프로세스를 조정했다. 기존 오프라인 유통과 비교되는 온라인 사업의 기본적인 장점을 강력하게 활용하는 전략이다.

이러한 아마존의 기본 3대 전략은 온라인 유통 모델의 전형이 됐고, 경쟁사들의 벤치마킹 대상이 됐다.

아마존은 1990년대 후반부터 2000년대 초반까지 맹위를 떨쳤던 닷컴 기업들의 몰락을 이겨내고 세계 최고의 기업으로 성장했다. 창업 후 9년간 누적 적자가 30억 달러에 이를 만큼 어려운 시기를 보냈지만, 2003년 첫 연간 흑자를 기록한 이후 2012년과 2014년을 제외하고는 계속 흑자를 이어가고 있다. 2015년에는 총 매출액 1,070억 달러, 순이익 약 6억 달러의 실적을 거두었다. 2018년 결산 실적에 따르면, 아마존의 총매출액은 2,329억 달러로 1년 전보다 30% 이상 성장했다. 순이익도 101억 달러로 전년대비 3배 이상 증가했다. 최근 아마존의 매출 성장 전략은 마진율이 낮은 디지털 상품 판매보다 마진율이 높은 광고, 클라우드 컴퓨팅, 스마트홈 기기 사업에 주력하고 있다. 이러한 전략에 따른 성과로 2019년 1월 7일, 마이크로소프트MS를 제치고 전 세계 주식시장에서 시가총액이 가장 높은 기업이 됐다. 당시 아마존의 주가는 1,629달러로 시가총액 7,967억 달러를 달성했다.

아마존의 대대적인 약진은 무엇보다 클라우드 컴퓨팅 사업의 성장이 가장 큰 역할을 했다. 현재 아마존은 미국 클라우드 시장에서 40%에 육박하는 높은 시장점유율을 유지하고 있다. 전통적인 이커머스 시장에서도 높은 시장점유율을 보이고, 오프라인 사업 확장도 본격적인 성과를 만들어내고 있다. 아마존의 주가는 회사의 현재와 미래를 충분히 담보하고 있다. 주식 시장에서는 아마존 주가에 대해 리스크를 낮게 평가하고 있다. 창업 초기 아마존을 무참히 공격했던 20년 전의 시장 평가와는 판이하게 다른 상황이 됐다. 4차 산업혁명 시대에 맞춰 아마존은 기존 사업을 넘어 헬스케어, 인공지능AI, 금융, 보험 등 다양한 분야로 사업을 확장하고 있다.

아마존의 가파른 성장과 함께 제프 베조스가 세계 최고 부자에 올랐다는 사실도 흥미롭다. 2019년 3월 포브스 발표에 따르면, 제프 베조스의 재산은 1,310억 달러로 2년 연속으로 세계 최고 부자 자리를 지켜냈다. 미국증권거래위원회SEC 공시자료(2018년 11월 기준)에 따르면 그는 아마존 주식의 16.1%를 갖고 있는 최대주주다. 2019년 1월 부인과의 이혼을 발표한 제프 베조스는 아마존 전체

주식의 4%(약 43조 원)를 위자료로 양도했다. '세계 최고 부호' 자리를 지킨 베조스의 아마존은 여전히 잘나가고 있지만, 그가 막대한 재산을 지킬 수 있을지는 부인과의 이혼 문제가 관건으로 떠올랐다.

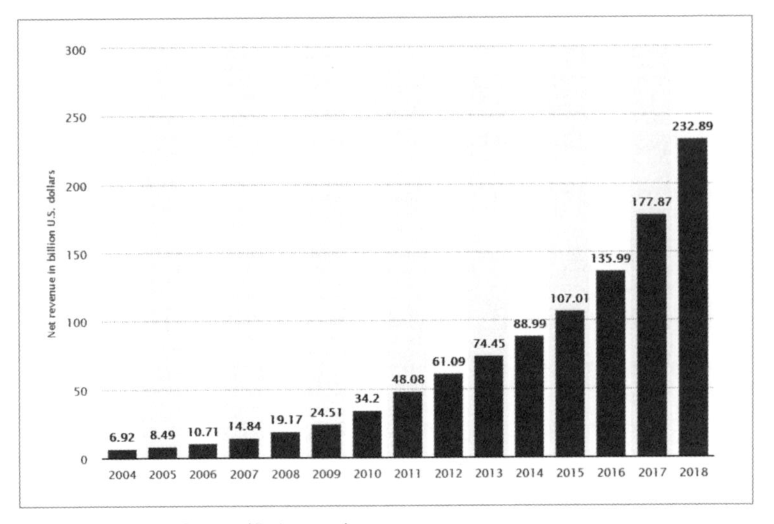

● 아마존 연간 총 매출액 규모(출처: Statista)

아마존의 사업 분야는 디지털 거상으로서의 위용을 충분히 갖추고 있다. IT 기반의 각종 디지털 콘텐츠 서비스를 살펴보면 그 면면이 더욱 화려하다. 대표적인 서비스로는 킨들Kindle, 인스턴트 비디오Instant video, 클라우드 드라이브Cloud drive, 앱스토어Appstore, 웹서비스Web service, 프레시Fresh, 에이나인A9, 클라우드 플레이어Cloud player, 파이어폰fire phone, 아마존 대시dash, 아마존 에코echo 등이 있다.

20년간 아마존이 투자 및 인수 합병한 기업들도 해당 분야를 선도하거나 높은 성장 잠재력을 지녔다. 아이엠디비IMDb, 애스크빌

askville, 셸파리shelfari, 씨디나우CDNOW, 디아퍼스diapers, 자포스Zappos, 오더블audible, 알렉사Alexa, 러브필름LOVEFILM, 패브릭FABRIC, 우트woot 등의 기업들이 대표적이며, 상품 분야 확장과 함께 플랫폼 사업 추진에 있어서 핵심적인 역할을 하고 있다.

아마존은 건전지 같은 공산품도 자사 브랜드로 판매 중이며, 아마존스튜디오amazon studios는 온라인 소셜 무비 스튜디오를 운영하면서 이용자들에게 영화 스트리밍streaming 서비스를 제공한다. 또한 할인과 반품 상품을 취급하는 창고형 매장도 운영하고 있다. 온라인 커머스에서 다루지 않는 품목이 거의 없을 정도로 아마존의 사업 영역은 계속 확대되는 중이다.

아마존은 고급 의류 판매 사업에도 진출했다. 실제 아마존 사이트에서 패션 분야는 높은 매출 비중을 차지하고 있으며, 고급 의류 브랜드들을 입점시키기 위해 공격적인 투자가 이뤄지고 있다. 이미 아마존이 자포스, 엔드리스닷컴, 마이해빗 등 신발 및 의류 판매 사이트를 인수하거나 직접 오픈한 사례는 있었지만, 고급 브랜드들이 입점한 케이스는 아니었다. 단위 배송비당 매출과 영업이익 측면에서 높은 성과를 나타내는 고급 패션 분야에 대한 아마존의 러브콜은 지속되고 있다.

아마존은 콘텐츠 시장의 강력한 인프라 기반인 클라우드 컴퓨팅cloud computing 시대를 선도하고 있다. 클라우드 컴퓨팅은 온라인을 이용한 IT 자원의 주문형On demand 아웃소싱 서비스다. 개별적으로 서버에 저장해둔 프로그램이나 문서를 언제 어디서나 다양한 디바이스를 통해 구동하게 한다.

구글, 마이크로소프트, IBM 등 주요 IT 서비스 제공사들은 미래 산업의 패러다임을 변화시킬 핵심 기술로 클라우드 컴퓨팅을 선택했다. 각 기업들은 이를 구현한 서비스, 비전, 대규모 투자 계획을 통해 클라우드 컴퓨팅을 차기 주력 사업으로 추진하고 있다. 이와 같은 클라우드 컴퓨팅 시장 경쟁자들을 향해 선전 포고를 한 기업 중 하나가 바로 아마존이다.

아마존은 2011년 3월 클라우드 드라이브와 클라우드 플레이어 서비스를 출시하면서 이용자들에게 친숙한 음원 콘텐츠를 중심으로 비디오, 전자책, 잡지 등 영역을 확장했다. 아마존 클라우드 드라이브는 웹상에 파일을 올려두고 PC나 스마트폰을 통해 접근할 수 있다. 클라우드 플레이어는 클라우드 드라이브에 저장한 음원을 언제 어디서나 들을 수 있게 지원한다. 아마존에서 판매하는 콘텐츠를 구입하면 클라우드 드라이브에 자동으로 저장돼 별도로 업로드할 필요가 없다.

아마존웹서비스AWS, Amazon Web Services 사업은 콘텐츠 사업과 밀접하게 연결돼 시너지 효과를 내고 있다. AWS는 이미 세계 최대의 클라우드 서비스로 압도적인 위치에 있으며, 이미 매출액과 높은 이익 구조로 수익성 측면에서 아마존의 캐시 메이커cash maker로 자리잡았다. 2011년 3월 아마존은 일본에 제5의 클라우드 컴퓨팅 데이터 센터를 개설했다. 또한 일본을 비롯한 아시아 지역의 클라우드 시장에 대해 본격적인 진출 의지를 나타냈으며, 2012년 5월에는 한국 법인을 설립하고 한국 시장 공략을 선언했다. 한국 시장은 일본, 인도, 중국에 비해 규모는 훨씬 작지만 네트워크 인프라가 잘 갖춰져 있고, 클라우드 컴퓨팅에 대한 관심이 폭발적으로 늘고 있다는 점에서 아마존에게 상당히 매력적인 시장으로 떠올랐다.

1995년 7월 아마존이 온라인 서점으로 문을 열고 첫 번째로 판매한 책은 더글라스 호프슈타터가 지은 『Fluid Concepts & Creative Analogies유체 개념 및 창조적 분석』이었다. 이 책은 제프 베조스가 사진으로 기록을 남길 만큼 매우 귀중한 상품 중 하나였다. 서점으로서의 아마존은 희귀본을 찾아주는 서비스로 초기에 유명세를 탔다.

아마존은 이후 온라인을 통해 안정적이고 신뢰성이 높은 도서 유통 경로를 구축했다. 온라인을 통해 출판사와 독자들이 직접 소통하고 거래할 수 있는 시스템을 구축하면서 성장의 기반을 만들었지만, 도서 유통의 특성에 따른 낮은 마진율과 신생 온라인 기업이라는 특수성으로 인해 한동안 수익이 거의 나지 않았다.

하지만 1990년대 후반부터 아마존은 온라인 유통업에서 두각을 나타내기 시작했다. 이때부터 뛰어난 성과를 올릴 수 있었던 것은 경제 침체기에 고객들이 오프라인 쇼핑에서 온라인 쇼핑으로 빠르게 이동했기 때문이다. 고객들이 온라인 쇼핑으로 옮겨간 이유는 무엇보다 오프라인과 대비되는 '저렴한 가격' 때문이었다.

온라인 기업은 오프라인 기업에 비해 고정비용이 적게 들어가는 편이므로 규모는 작지만 적정 이익을 유지하면서 저렴한 가격으로 상품을 공급할 수 있다. 북미 지역의 경우 오프라인에서 물건을 구입하면 약 8퍼센트 내외의 판매세를 내야 하지만, 온라인은 비과세 처리돼 해당 유통사의 고객에게 유리하다.

하지만 아마존이 단순히 저가 전략만으로 고객에게 인정받는 것은 아니다. 아마존은 다양한 상품을 갖추면서 고객들이 선택할 수 있는 범위를 넓혔다. 이는 오프라인 유통사들이 차례로 매장 개수와 재고를 줄여서 물건을 제대로 갖추지 못하는 상황과 비교됐다.

제프 베조스는 고객들이 반복 구매하는 방법을 집중적으로 연구했으며, 무엇보다 첫 구매 시 기대 이상의 서비스를 고객에게 보여주는 것이 가장 중요하다고 판단했다. 창업 초기에 아마존의 기술 혁신은 다른 온 · 오프라인 서점과 종합 쇼핑몰에 비해 크게 앞섰다. 결국 아마존은 후발 기업으로부터 위협을 받지 않았고 쉽고 편리한 온라인 쇼핑 환경을 제공했다.

아마존의 트레이드 마크인 원클릭1-Click 주문 방식은 가장 효율적인 온라인 쇼핑 시스템이다. 원클릭은 사전에 신용카드 정보를 입력하면 나중에 한 번의 클릭만으로 쉽게 결제할 수 있다. 아마존은 원클릭을 통해 온라인 구매에 대한 고객들의 불안감을 단번에 해결할 수 있었고, 특허 출원을 통해 온라인 경쟁자들에게 높은 진입 장벽도 만들었다. 고객별 구매 패턴에 따른 맞춤형 추천 정보, 가격 비교, 도서 본문 검색 서비스 등 획기적인 아이템과 프라임 회원제 등은 커머스 분야의 성장을 주도했다.

아마존은 상품을 클릭하거나 키워드를 입력한 고객들의 온라인 사용 흔적들을 주목한다. 직접 입력한 검색 키워드, 결제 내역, 위시리스트 내 상품과 콘텐츠를 분석한 결과는 내부 알고리즘을 통해 강력한 추천recommendation 서비스로 연결된다. 고객이 한 번이라도 관심을 가진 상품에 대해서는 다음 방문 시 개인 맞춤형 페이지를 보여준다. 고객의 이메일을 통해서도 해당 상품과 연관 상품을 모아서 보여준다.

아마존의 맞춤형 사이트와 추천 서비스는 경쟁자들이 기술적으로 충분히 접근 가능한 모델이다. 하지만 아마존은 고객의 지속적인 행동 패턴을 분석하는 역량이 탁월하기 때문에 매우 유리한 고지를 차지했다.

사업 초기 아마존의 기본 전략은 빠르고 넓은 네트워크를 창출하는 것이었다. 따라서 아마존은 고객들에게 필요할 만한 상품을 판매하는 기존 온라인 쇼핑몰과 아마존을 연결하는 허브Hub 형태로 시스템을 구축했다. 가능한 한 많은 사람을 아마존으로 끌어들여 온라인에서 구매하기 좋은 상품이나 서비스를 사용하도록 만들었다. 이러한 방식으로 아마존의 온라인 사업은 공격적인 사업 파트너 물색과 제휴 협력 체결을 통해 크게 성장했다.

아마존과 네트워크를 통해 연결된 파트너 기업은 주문 절차 개발부터 창고 운영 부문까지 다양하다. 아마존은 기술 혁신을 통해 기존 상품들을 지속적으로 개선하고 파트너 기업과 협력함으로써 매출과 수익의 극대화를 추진했다. 또한 다양한 베타테스터들을 통해 입소문 마케팅을 진행했고, 당시 최고의 온라인 검색 기업이었던 야후Yahoo를 통해 본격적으로 알려졌다.

아마존은 '세계에서 가장 큰 서점'에서 이제 '세계에서 가장 다양한 선택이 가능한 종합 플랫폼 사업자'로 성장했다. 온라인을 통해 책을 판매하는 기업에서 혁신과 기술 투자, 전략적 제휴, 인수 합병M&A을 통해 아마존이라는 거대한 플랫폼을 구축한 것이다.

아마존은 미국 경제 전문지인 「포춘fortune」의 500대 기업으로 선정됐고, 2010년 「패스트컴퍼니fast company」가 꼽은 가장 혁신적인 기업 순위에서 페이스북에 이어 2위로 선정됐다. 2012년에는 「포춘」이 선정하는 '올해 세계에서 가장 존경받는 기업World's most admired'에 전년 7위에서 3위로 네 계단 올라섰다. 「MIT 테크놀로지리뷰」는 '2016년 세계에서 가장 스마트한 50대 기업' 순위에서 아마존을 1위로 선정했다. 대외적인 신뢰도 측면에서도 꾸준하게 최상위급에 랭크되고 있다는 점을 볼 때, 아마존에 대한 시장의 관심과 지지는 쉽게 사라지지 않을 것이다.

고객 최우선주의와 도전 정신

제프 베조스는 경쟁자들을 압도할 수 있는 유일한 방법은 '고객을 대하는 기업의 문화'라고 생각했다. 문화의 핵심은 고객 개개인의 욕구를 충족시켜주고, 사용상의 편의를 제공하는 맞춤 서비스를 의미한다. 이런 생각을 바탕으로 아마존은 고객이 직접 아마존을 통해 상품을 구매하거나 직접 판매자가 될 수 있는 중개형 오픈마켓 플랫폼을 제공했다. 이를 통해 아마존의 고객은 소비자이면서 동시에 공급자가 될 수 있었다. 이를 통해 아마존과 고객의 관계는 상호 보완적인 구조를 갖게 됐다.

아마존은 고객에 대한 정보 수집과 관리를 아주 중요하게 생각한다. 따라서 고객 정보 관리에 집중적인 투자를 하고 그 정보를 이용해 고객 만족도를 향상시켜 충성도를 높인다. 그 결과, 아마존에서 발생하는 매출의 70퍼센트 이상은 기존 고객들의 재구매에 의해 발생한다. 온라인 소매 업계 평균의 두 배가 넘는 수준이다.

아마존은 고객이 원하는 최고의 서비스를 운영하기 위해 고객의 행동 패턴 데이터를 수집한다. 아마존은 오프라인 기업처럼 고객을 직접 대면하지는 않지만 온라인에서 단골이라는 인식을 심어주는 가장 중요한 요소는 개인화라는 점에 집중한다.

아마존은 정기 회의 때마다 회의장 테이블에 빈 의자 하나를 둔다. 그 의자는 바로 가상의 고객이 앉아있는 자리다. 따라서 제프 베조스도 빈 의자에 앉은 고객을 염두에 두고 정중한 자세와 목소리로 회의에 참석한다.

아마존에는 500개 정도의 성과목표 측정 방식이 있으며, 그중 80퍼센트는 고객과 관련된 지표들로 구성돼 있다. 상품 분야별 주문 처리 및 재고 축소 현황부터 배송에 대한 고객 만족도 확인 등 물리적인 상품에 관한 것을 비롯해 영화 다운로드와 전자책 사용의 만족도 등 디지털 상품에 관한 것까지 정리돼 있다. 또한 고객에 대한 맞춤형 추천 알고리즘이 제대로 작동되고 있는지까지 확인하는 등

단 한 가지라도 느슨하게 넘어가는 경우가 없다.

아마존은 매일 상품 검색 키워드와 상품 구매 이력 등을 통해 고객이 기분 좋은 쇼핑을 할 수 있도록 프로세스를 진화시키고 있다. 연관성에 따라 고객과 상품을 적절히 매칭시키는 알고리즘은 수많은 시행착오를 거듭하면서 탄생한 결과물이며, 지속적으로 실행을 거듭하면서 아마존 성과 창출을 선두에서 주도하고 있다.

아마존은 고객 만족도 향상을 위한 다양한 전략의 실행을 두고 실행의 오류보다는 비실행의 오류가 더욱 큰 문제라고 평가한다. 그리고 할 수 있는 여건과 능력, 조건이 됐는데도 실행하지 않은 전략에서 더 큰 오류를 범할 수 있음을 지적한다. 비실행의 오류를 적시에 발견할 수 있는 방법은 바로 "왜 안 되는데?"라고 묻는 것이다.

흔하게 묻는 "왜?", "왜 하는데?"라는 질문만큼 "왜 안 되는데?"라고 묻는 것도 매우 중요하다. 아마존은 한정된 시간 내에 전사에 걸쳐 가능한 한 많은 실험과 시도를 하려고 노력한다. 어떤 문제에 대해 의문을 갖게 되거나 다양한 찬반 의견이 나와 진행 여부를 결정하기가 어렵게 될 때도 있다.

아마존은 웹랩web lab 조직을 통해 고객의 실제 사용 패턴에 대한 통계적인 데이터를 분석한다. 이를 통해 꾸준히 웹사이트 사용자 인터페이스user interface를 개선해 나가고 있으며, 고객에게 가장 중요한 것은 가격이 아닌 고객 서비스라는 사실을 증명해 보이고 있다. 근소한 차이일 경우 온라인 고객들은 가격이 더 싼 쇼핑몰 대신, 양질의 고객 서비스를 경험할 수 있는 사이트를 찾는다는 사실에 주목했다.

아마존은 IT를 기반으로 한 다양한 마케팅 기술을 온라인 사업에 도입함으로써 온라인 고객관리의 수준을 한 차원 끌어올리는 데 크게 기여했다. 특히 아마존이 선보인 고객관리시스템CRM, customer relationship management과 제휴 마케팅은 무수히 많은 온라인 커머스 기업들에 도입되는 등 온라인 상거래의 전형이 됐다.

하지만 판매되는 상품과 서비스 영역이 빠르게 확대되고 외형적 확장이 병행되면서 고객관리에 허점이 생겨났다. 아마존 내부의 관리만큼 외부 투자와 인수를 추진한 기업의 고객관리 수준도 높게 유지해야 했다. 해당 기업은 해당 업계에서 최고의 고객 만족도와 서비스 수준을 확보해야 본격적인 협상 테이블로 올라올 수 있었다.

지금까지 수십 개가 넘는 아마존의 인수 합병 사례 중 가장 이슈가 됐던 곳은 자포스Zappos다. 2009년 7월 아마존은 12억 달러라는 거금을 자포스의 인수 자금으로 투자했다. 1999년 15만 달러의 창업 자금으로 시작한 온라인 신발 쇼핑몰 자포스는 2008년 글로벌 금융위기 속에서도 1,300퍼센트라는 놀라운 성장률을 기록했다. 「포춘」이 선정한 '일하기 좋은 100대 기업' 중 상위권에 랭크되는 등 자포스의 구성원들은 단지 신발을 파는 쇼핑몰이 아닌, 고객에게 최상의 서비스를 제공하는 기업이라는 자부심을 갖고 있다.[1]

자포스와 관련해 유명한 고객 감동 일화가 있다. 어느 고객이 병든 어머니를 위해 신발을 구입했는데, 얼마 후 어머니가 세상을 떠났다. 이 고객이 장례식을 치른 뒤 반품 여부를 문의하자 곧바로

1 『아마존은 왜? 최고가에 자포스를 인수했나』, 북로그컴퍼니, 이시즈카 시노부 지음, 2010년

자포스에서 답장을 보내왔다. 배송 직원을 집으로 보내 반품을 처리해주겠다는 응답이었고, 반품 회수 전에 자포스는 위로의 꽃다발과 카드를 먼저 보냈다. 반품을 원한 고객이지만 슬픔을 나누기 위한 마음을 전한 것이다.

시장과 고객이 아마존과 자포스의 결합에 박수를 보내는 이유는 바로 이런 점 때문이었다. 아마존은 유통 기업에서 서비스 기업으로 도약하는 데 큰 힘이 될 자포스의 탁월한 통찰력을 확보할 수 있게 됐다. 다수의 매체에서 제프 베조스의 고객 중심 경영 능력을 높이 평가했지만, 당시 미국 업계에선 아마존보다 오히려 자포스의 가치를 더 크게 평가했다.

아마존은 내부 임직원들의 고객 중심 문화를 독려하기 위해 채용 첫해에는 무조건 일정 시간을 고객센터에서 실제 업무 경험을 쌓도록 관리한다. 따라서 직원들은 2년마다 2일간 근무한다. 제프 베조스는 다양한 고객들의 클레임이 무엇인지, 해결 방안들은 구체적으로 어떻게 진행되며 개선 사항은 무엇인지, 모든 임직원들이 몸으로 직접 체험하고 공감하기를 바라는 마음으로 이 제도를 추진했다.

아마존의 고객 최우선주의 문화와 경영 방식은 스스로 강화되는 반복 과정을 거친다. 경쟁 중심의 타 기업에서 근무하다가 아마존으로 이직해온 직원들은 아마존의 고객 중심 문화에 새롭게 눈을 떴다는 반응을 보인다. 타 기업에서 모방하기 어려운 독특한 문화이자 경쟁력인 것이다.

사업 구조와 브랜드 관리

아마존의 연간 실적 보고서를 보면, 아마존의 매출 분야는 크게 미디어Media, 전자 및 일반 상품Electronic and other general merchandise, 기타Other로 구분된다. 미디어 부문은 서적, 음반, DVD, 디지털 콘텐츠 등이고 기타 부문은 비소매Non-retail 항목으로 AWS를 비롯한 클라우드 서비스, 마케팅 및 홍보 대행 수입 등이다. 미디어 부문과 전자 및 일반 상품 부문은 온라인 소매 사업이며, 외부 벤더vendor와 공급자로부터 구매한 상품과 콘텐츠를 고객에게 재판매해서 얻는 수익과 제3의 판매자에 대한 상품 판매 수수료다. 아마존은 매출의 30퍼센트 이상을 외부 제휴 마케팅을 통해 달성하고 있다.

아마존의 손익 구조는 변화하고 있다. 닷컴 버블이 붕괴되던 2001년에는 5억 7,000만 달러 규모의 적자를 내면서 주가가 10달러 수준으로 곤두박질치는 등 도산 위기에 내몰리기도 했지만, 2011년에는 481억 달러의 흑자를 기록했다. 2011년 아마존의 총 운영 비용은 전년 대비 54퍼센트 늘어난 97억 1,000만 달러에 달했다. 비용 증가로 인해 수익성은 다소 악화됐고 당기순이익도 하락했다.

하지만 아마존의 경영진은 미래 성장을 위한 투자적 관점에서 비용 증가 요소가 많았다는 의견을 냈고, 다음 해에는 투자에 대한 실적 개선 성과가 숫자로 나타났다. 이처럼 매년 오뚜기처럼 일어나는 아마존의 성장 곡선에 대해 투자자와 고객들은 이제 무한한 신뢰를 보여주고 있다.

아마존은 총 150여 개의 유통지원센터fulfillment center를 통해 185개 국가 및 지역의 고객들에게 상품을 배송할 수 있는 물류 인프라를 구축하고 있다. 매년 증설을 통해 기본적인 유통 사업 강화에도 집중 투자하고 있다. 현재 아마존은 미국 외에 총 14개국(캐나다, 영국, 독일, 프랑스, 이탈리아, 스페인, 일본, 중국, 인도, 호주, 브라질, 멕시코, 네덜란드, 터키)에 온라인 마켓플레이스를 운영하고 있다. 지역별 매출액을 보면, 북미 지역이 전체 매출(AWS 매출 제외)의 약 64퍼센트, 이외의 국가가 약 36퍼센트를 차지하고 있다.

아마존의 영업이익률은 유명 글로벌 IT 기업들에 비해 상대적으로 낮은 편이다. 그 원인은 온라인 커머스 사업의 구조적인 특성에서 찾을 수 있다. 다른 업종에 비해 상대적으로 영업이익률이 낮은 일반 상품 유통의 특성과 가격 경쟁이라는 온라인 상거래의 특징이 복합된 결과다. 이런 사업 환경에서도 아마존은 철저히 고객 중심적인 사업을 전개함으로써 온라인 커머스 업계에서 최고 수준의 고객 만족도를 유지하고 있다. 2014년 ACSIAmerican Customer Satisfaction Index(미국 고객 만족도 지수)에서 아마존은 낮은 가격대의 판매와 우수한 배송 관련 평가 덕분에 1위를 차지했다.[2]

오늘날 기업 경쟁력의 원천을 들여다보면, 가격과 품질에서 개성과 이미지를 창출해줄 수 있는 브랜드라는 무형의 자산으로 패러다임이 변했다. 고객들이 구매를 결정하는 핵심 요소로서 브랜드가 높은 우선순위를 차지한 것이다. 나이키의 경우 상품 생산력보다

2 http://www.etoday.co.kr/news/section/newsview.php?idxno=1047526

브랜드에 투자하고 있다. 이를 통해 브랜드가 기업 가치 관리에서 차지하는 중요성을 짐작해볼 수 있다.

현대 마케팅에서 브랜드는 바로 그 기업을 상징하는 얼굴이다. 고객은 브랜드를 구매하면서 차별적 경험과 가치를 얻는다. "많은 사람이 아마존에 몰리는 것은 아마존의 책값이 싸거나 구입이 수월하기 때문이 아니다. 그것이 아마존이기 때문이다."라는 제프 베조스의 말처럼, 고객들에게 각인된 브랜드는 기업의 핵심 자산이다.

아마존은 온라인에서 단골 고객 확보라는 새로운 사업 문화를 만든 최초의 기업이다. 아마존은 웹사이트를 브랜딩하기 위해 다양한 상품 구색, 저렴한 가격, 배송의 안정성 등의 이미지를 강화하는 데 주력했다. 또한 내부적으로 절약을 강조하는 검소한 경영을 통해 자금을 확보하고, 아마존에 대해 '크고 많다.'라는 이미지를 부각시키는 데 적극적이다.

디지털 고객의 등장으로 기업의 경영 활동에 많은 변화가 일어나고 있다. 트위터, 블로그, 페이스북, 유튜브 등 다양한 소셜 네트워크social network의 확산은 고객과 기업의 관계에 근본적인 변화를 몰고 왔다. 이제 고객은 단순히 정보를 소비하는 데 그치지 않고 기업의 제반 환경을 둘러싸고 있는 핵심 위치에 있게 됐다. 그런 측면에서 아마존도 소셜 네트워크를 자사의 기업 전략과 브랜드 관리 측면에서 중요한 도구로 활용하고 있다.

2009년 아마존이 자포스를 인수할 당시 두 기업은 기존의 매스미디어 채널보다 기업 블로그, 홈페이지, SNS 등을 통해 대중들과의 커뮤니케이션을 추진했다. 제프 베조스와 자포스 CEO인 토니 셰이의 합작품은 새로운 시대의 고객들에게 투명한 커뮤니케이션을 보여주고자 노력했다.

특히 토니 셰이는 트위터에 "자포스와 아마존이 하나의 기업이 됐으며, 이는 자포스가 아마존에 합병되는 차원이 아닌 자포스의 기업 문화, 100퍼센트 고용 승계, 100퍼센트 독자 경영을 약속받은 합리적 결혼이다."라는 메시지를 올리기도 했다. 이와 같이 대대적인 투자와 인수 관련 사항을 적극적으로 홍보에 활용함으로써 브랜드 가치에 긍정적인 면을 최대한 부각시킬 수 있었다.

이제 기업은 과거의 일방적인 브랜드 관리 패러다임에서 벗어나야 하며, 진심으로 소통하려는 자세로 고객을 대할 때 브랜드 가치도 더욱 향상될 수 있다. 소셜 네트워크의 활성화로 촉발된 디지털 시대에서 아마존이 보여주는 진정성은 기업의 경쟁력 확보에도 상당한 역할을 하고 있다. 고객과 성공적인 관계를 만들고 이어가는 기업이 지속적으로 성장한다는 논리를 증명하고 있는 것이다.

아마존의 리더십 원칙

아마존은 자사의 비전과 목표를 창고 직원부터 경영진까지 한 방향으로 정렬시킨다. 아마존의 리더들은 외부에서 온 경력자에서부터 인문학 전공자에 이르기까지 다양한 직종에서 선발했거나 외부에서 영입된 전문 인재들이다.

그리고 기업은 이들이 '왜' 아마존을 위해 일해야 하는지를 명확하게 제시한다. 최고 경영진뿐만 아니라 상품 창고에서 근무하는 직원들까지 모든 임직원은 기업의 이윤 공유 프로그램에 참여한다. 아마존 사원들의 기본 급여는 다른 기업에 비해 높지 않은 편이지만 스톡옵션을 받는 직원들이 많고, 이를 채용과 내부 인사 기준에 제도적으로 반영하고 있다.

아마존은 2012년 미국 상위 15개 학교의 MBA 출신들이 입사하고 싶은 기업 순위에서 6위에 올랐다.[3] 그만큼 우수 인력들이 입사하고 싶어 하는 기업이다. 아마존의 해외 법인 신설과 콘텐츠 및 AWS 등 신사업 추진이 확대되면서 채용 범위도 많이 늘어났다.

아마존이 말하는 리더십 원칙을 보면 그들의 행동 지침을 알 수 있다. 우선 아마존은 기업 차원에서 개인이든 대규모 팀의 관리자든 모든 임직원에게 주인의식을 강조하며, 스스로 리더가 되고 장기적 관점에서 팀과 기업을 대표해서 행동하길 바란다. 특히 "이건 내 업무가 아니다."라는 말이 나오는 것을 극도로 경계한다. 아마존이 내부에서 공유하는 14가지 리더십 원칙Leadership Principles은 다음과 같다.[4]

---

3 http://money.cnn.com/news/economy/mba100/2013/snapshots/4.html

4 https://www.amazon.jobs/principles

1. 고객에게 집착하라Customer Obsession: 리더는 고객 중심을 우선으로 하고, 세부 계획을 세운다. 리더는 고객 신뢰를 얻고 유지하기 위해 열정을 다해 일한다. 리더는 경쟁자에게 집중하더라도 고객에 대해서는 강박적이다.
2. 주인 의식을 가져라Ownership: 리더는 주인이다. 리더는 장기적인 관점으로 생각하고 단기간의 성과를 위해 장기적 가치를 희생하지 않아야 한다. 리더는 자신의 팀을 넘어서 회사 전체의 이익을 위해 행동한다. 리더는 절대 "그건 내 업무가 아니야."라고 말하지 않는다.
3. 발명하고 단순화하라Invent and Simplify: 리더는 팀으로부터 발명과 혁신을 기대하고 요구하며, 항상 단순화시키는 방법을 찾아낸다. 리더는 외부의 상황을 잘 알고 있으며, 모든 곳으로부터 새로운 아이디어를 얻는다. 또한 "여기서 발명할 것이 아니다."라는 말에 제한되지 않는다. 우리가 새로운 것에 도전하면, 우리는 꽤 오랫동안 인정받지 못할 수도 있다는 사실을 받아들인다.
4. 리더는 대부분 옳다Are Right, A Lot: 리더는 뛰어난 사업적 판단 능력과 좋은 감각을 지니고 있다. 리더는 다양한 관점을 찾고 자신들의 믿음을 깨뜨리기 위해 일한다.
5. 최고 인재를 채용하고 육성하라Hire and Develop The Best: 리더는 모든 채용과 승진에서 성과 기준을 향상시킨다. 리더는 특별한 재능을 알아내고, 조직 내에서 그들을 자발적으로 이동시켜

야 한다. 리더는 리더를 개발하고, 다른 이들을 코칭하는 역할을 중요히 여긴다. 우리는 직무 선택과 자기 계발을 위한 방법을 모색하기 위해 노력한다.

6. 최고의 기준을 고집하라Insist on the Highest Standards: 리더는 단호하게 높은 수준을 가지고 있어야 한다. 많은 사람들은 이러한 기준을 터무니없이 높다고 생각할 수 있다. 리더는 끊임없이 기준을 높이고 그들의 팀이 우수한 수준의 상품, 서비스 그리고 과정을 이끌어내도록 만든다. 리더는 결함을 지닌 상품이 출고되지 않는다는 것과 문제점이 해결됐다는 것을 보장한다.
7. 크게 생각하라Think Big: 작게 생각하는 것은 자기충족적 예언이다. 리더는 결과를 고취시키는 대담한 지향점을 만들어내고, 그 방향으로 소통한다. 리더는 다르게 생각하고, 고객을 위한 최선의 방법을 찾기 위해 자세하게 살펴본다.
8. 신속하게 판단하고 행동하라Bias for Action: 사업에서 속도는 매우 중요하다. 많은 결정과 행동은 뒤집을 수 있고 광범위한 연구를 필요로 하지도 않는다. 우리는 계산된 위험의 감수를 가치 있게 생각한다.
9. 근검절약을 실천하라Frugality: 최소의 자원으로 최고의 가치를 창출해야 한다. 절약은 자원의 풍부함, 자급자족, 발명을 낳는다. 인원 수, 예산, 고정비를 올리는 것에는 가산점이 없다.
10. 배우고 호기심을 가져라Learn and Be Curious: 리더는 지속적으로 배우고 스스로를 발전시킬 방법을 찾아야 한다. 리더는 새로

운 가능성에 대해 호기심을 가지며 그것들을 탐험하기 위해 행동한다.

11. 다른 사람의 신뢰를 얻어라Earn Trust: 리더는 경청하고, 솔직히 말하고, 다른 이들을 존경으로 대한다. 리더는 이상하고 부끄럽더라도 말로써 자신을 비난한다. 리더는 자신과 자기 팀의 몸에서 향기가 난다고 생각하지 않는다. 리더는 자신과 자신이 이끄는 팀의 비교 기준을 최고 수준에 둔다.
12. 깊게 파고들어라Dive Deep: 리더는 모든 수준에서 일하고, 디테일에 빠삭하고, 자주 회계 감사하고, 지표와 진술이 맞지 않을 때 회의적이다. 모든 과제는 중요하다.
13. 기준에 맞춰 반대하거나 수용하라Have Backbone, Disagree and Commit: 리더는 어떤 결정에 반대할 때, 불편하고 지치는 일이라도 그 결정에 이의를 제기해야만 한다. 리더는 신념이 있고 완강하다. 리더는 사회적인 결합을 위해 타협하지 않는다. 어떤 결정이 확정되면, 리더는 온전히 전념한다.
14. 구체적인 성과를 내라Deliver Results: 리더는 사업을 위해 투입된 자원에 집중하고 제 시간에 맞춰 올바른 수준의 결과물을 가져온다. 차질이 생겨도 그들은 위기에 적절히 대처하고, 안주하지 않는다.

아마존이 가장 의미를 부여하는 중요한 리더십 키워드는 바로 '공동체 의식'이다. 개인과 부서가 함께 할 수 있는 일은 적극적으로 협력한다. 이러한 활동을 통해 더 큰 성과를 많이 만들 수 있다. 아마존을 움직이는 핵심 그룹은 고위 간부들로 구성된 시니어 팀Senior Team이다. 그들은 매주 4시간에 걸쳐 격의 없는 시니어 팀 미팅을 한다. 직급별로 구축된 팀 미팅에서 대부분의 직원들은 자신의 아이디어를 제안하고 토론할 수 있다. 이러한 자유롭고 창의적인 조직 분위기는 아마존 성장의 원천이다.

아마존에는 합당한 이유가 있을 때 "아니요."라고 말할 수 있는 조직 문화가 있다. 기업은 정체되는 순간, 몰락의 길로 접어든다. 끊임없이 새로운 아이디어를 분출하는 아마존은 젊은 기업의 이미지를 유지하기 위해 노력하고 있다. 그들이 조직 문화에서 가장 경계하는 것은 조직 내에 친분에 얽힌 위계질서가 만들어지는 것이다.

상급자의 지시나 명령에 무조건 복종하는 기업은 혁신과 창조적 활동을 이끌어내기 힘들다. 젊은 조직을 지향하는 임직원들은 지위고하를 막론하고 자신의 생각을 누구에게든 말할 수 있다. 보수적인 문화가 강한 유통업계에서 아마존은 즐겁고 도전적인 조직 문화를 통해 독창성을 강화하고 있다.

아마존의 채용 과정에는 많은 사람들이 관여하며, 기준평가관bar raiser의 승인이 필요하다. 기준평가관은 아마존의 채용 과정에서 중요한 역할을 하는 숙련된 평가자다. 이들은 아마존의 여러 부서에서 풀타임으로 일하며 사내 다른 부서의 채용 후보를 인터뷰한다. 기준평가관은 입사 희망자와 무관한 분야에서 전문성을 가지고 있

으며, 해당 입사 희망자의 채용을 거부할 수 있는 권한도 가진다.[5]

아마존 입사자는 출근 첫날 오리엔테이션에서부터 특이한 근로 방식을 배운다. 새로운 직원들은 이전 직장에서 배웠던 잘못된 습관을 버리도록 교육받는다. 그들이 벽에 부딪혔을 때 선택 가능한 유일한 해결책은 '벽을 돌파하라.'는 것이다. 또한 아마존은 합리적인 의사결정을 도출하기 위해 직원 간 상호 공격을 권장한다. 회의에서 다른 직원의 아이디어를 물고 늘어지는 행동도 허용한다.

제프 베조스는 인사 담당 부서의 직원 훈련과 정책을 비밀주의에 입각해 수립한다. 기업 내부 기술에 대한 그 어떤 정보도 외부에 알려져선 안 되며, 직원은 아마존의 IT 체계에 대해 사적으로 발언할 수 없다. 마치 비밀 군사 조직처럼 행동하는 분위기도 있다.

제프 베조스는 컴퓨터공학 전공자지만 금융권의 거래 시스템 분야에서 경력을 쌓았다. 이 점을 감안하면, 핵심 경쟁력인 IT 기술을 비밀로 감싸는 건 당연하기도 하다. 거래 시스템 분야에서 시스템 내부를 노출하는 행위는 자칫 독보적인 경쟁력을 포기하는 것으로 보일 수 있기 때문이다.

아마존에서는 다소 독특한 승진 체계를 사용한다. 한마디로 상사로부터 긍정적인 피드백을 받기도 어렵고, 승진하기는 더욱 어렵다. 아마존에서는 6개월마다 OLR^organizational and leadership review^이라고 불리는 미팅을 가지며, 이 자리에 모인 기업의 중역들이 부하 직원들의 승진을 결정한다. 아마존의 다른 미팅처럼 이 미팅의 시작 전

5 http://www.wsj.com/articles/SB10001424052702304753504579285133045398344

에는 슬라이드 대신 6장짜리 산문체의 안건을 배포한다.[6]

어느 상사가 아무리 자신의 부하 직원을 높게 평가해서 승진시키고 싶어 해도, 다른 부서의 중역들을 OLR에서 설득시키지 못하면 불가능하다. 게다가 중역들마다 자신의 부서에서 승진시키고 싶어 하는 사람이 있기 때문에 뜨거운 논쟁이 이어지기 쉽다. 이로 인해 실제 승진 여부를 해당 직원의 성과나 능력보다 상사의 설득력이나 정치력이 좌우하는 분위기도 생겼다. 그래서 승진을 바라보는 직원들이 다른 부서의 중역들에게 잘 보이려 애쓰는 등의 부작용을 낳고 있기도 하다.

전체 임직원 수가 20만 명이 넘어서고 사업 규모가 커지면서 아마존은 조직 관리 측면에서 성장통을 겪고 있다. 최근 아마존의 조직 문화에 대한 아마존 전현직 직원들의 폭로도 있었다. 「뉴욕타임스」는 '아마존은 힘들고 공포스러운 직장'이라는 제목의 기사에서 "아마존닷컴이 성장을 위해 직원을 극한까지 몰아붙이는 시험을 하고 있다."고 비판했다.[7]

밤늦은 시간에 일하는 것도 직원들이 겪는 고통이다. 상사가 자정이 지난 이후에 직원에게 이메일을 보내고 바로 회신이 없으면 문자 메시지를 통해 이유를 캐묻는다. 아마존에 입사한 직원 중 상당수는 몇 년 내에 기업을 떠난다. 우수한 직원은 아마존의 주가 상

---

6 The Everything Store: Jeff Bezos and the Age of Amazon, https://www.amazon.com/Everything-Store-Jeff-Bezos-Amazon/dp/0316219282/ref=sr_1_1?s=books&ie=UTF8&qid=1469095221&sr=1-1&keywords=the+everything+store

7 http://www.nytimes.com/2015/08/16/technology/inside-amazon-wrestling-big-ideas-in-a-bruising-workplace.html

승에 힘입어 돈을 모을 꿈에 부풀지만, 그렇지 않은 직원들은 기업을 자발적으로 떠나거나 해고된다. 아마존의 전 인사 담당 임원은 아마존의 시스템에 대해 적자생존에 가까운 '목적주의적 다윈주의'라고 지적했다. 논란이 커지자 제프 베조스는 직원들에게 다음과 같이 이메일을 보냈다.

"보도에 나온 내용은 내가 아는 아마존과는 거리가 멀고 나 또한 그런 회사는 떠나겠다. 그런 영혼이 없고 비관적인 직장이라면 기술 경쟁 사회에서 살아남기도 힘들었을 것이다. 그런 종류의 일이 실제로 벌어진다면 인사부나 내게 직접 알려 달라."

아마존은 영국에서 노동 착취 논란에도 휩싸였다. BBC 방송 탐사보도 팀은 최근 영국 웨일즈 지역의 아마존 유통지원센터에서 야간 근무자인 20대 대졸 남성이 10시간 반 동안 고된 육체 노동을 하는 실태를 보도했다.[8]

이 직원은 휴대용 단말기에 찍힌 지시에 따라 7만 4,300제곱미터가 넘는 넓은 유통지원센터를 돌아다니며 주문된 물건을 찾아 카트에 싣는 일을 하는데, 일정 시간 내에 물건을 찾지 못할 때마다 경고음이 울리도록 해 직원들을 압박했다. 이윤 창출을 위해 직원들을 혹사시킨 사례도 있다. 직원들이 한여름에 온도가 37.7도까지 올라간 창고 안에서 땀을 흘리며 일하다 쓰러진 것이었다. 프랑스, 독일, 영국 등 유럽에서는 최근 아마존의 어두운 면이 계속 부각되는 상황이다.

---

8 http://www.bbc.com/news/business-25034598

사회 공헌 활동과 스타트업 지원

아마존은 지구를 위한 아마존의 혁신Amazons Innovations for Our Planet이라는 모토로 환경보호 운동에도 앞장서고 있다. 세계 최대의 온라인 쇼핑 채널이라는 기업 특성을 고려할 때 아마존의 전체 유통 물량은 엄청난 규모를 자랑한다. 그만큼 상품 포장재와 후처리에 대한 문제는 비용 측면을 넘어 지구 환경의 관점에서도 중요하다. 아마존은 장난감 패키지를 포장할 때 플라스틱 코팅이 되지 않은 와이어를 이용하며 제3자 배송 상품의 경우에도 이를 준수하게 했다.

이 프로그램은 8만 가지가 넘는 장난감류에 적용되는데 참여 기업은 마텔Mattel, 로지텍Logitech, 피셔프라이스Fisher-Price, 가민앤세븐스 제너레이션Garmin & Seventh Generation 등이다. 아마존 내부에서도 킨들과 아마존베이직스AmazonBasics 상품은 개봉하기 쉽게 만들고, 100퍼센트 재활용된 카드보드 용지를 사용해서 환경보호에 기여한다. 대부분의 아마존 배송 품목은 환경 친화적인 포장으로 유명하다. 약 43퍼센트의 섬유질이 포함된 골판지를 사용하는데, 한 번 사용한 포장재라도 재사용이 가능하다고 판단되면 100퍼센트 재활용한다.

아마존은 카이젠改善이라는 프로그램을 운영한다. 이를 통해 기업의 모든 부문에서 환경과 에너지 관련 전략을 구현하기 위해 에너지 절약과 폐기물 처리 프로세스를 해외 지사에도 동일하게 적용하고 준수하도록 했다.

아마존은 설비와 관련해서도 자연 친화적인 근무 환경과 모션 센서 설치, 운반 차량의 거점별 네트워크 운행, 에코 드라이빙 및 타이머가 장착된 컨베이어 벨트의 설치 등을 통해 비용 절감과 환경 보호라는 두 마리 토끼를 동시에 잡는 경영관리를 추진하고 있다.

미국 시애틀에 있는 아마존 본사 역시 친환경 건축물로 축조돼 있다. 미국의 그린빌딩위원회는 아마존 건축물에 LEED Leadership in Energy and Environmental Design 상을 수여했으며, 아마존의 친환경의식을 높게 평가했다. 에너지 고효율과 인테리어 건축 자재의 친환경성이 인정받은 것이다.

지역 사회에서 아마존의 역할도 주목할 만하다. 아마존은 운영 센터와 유통지원센터가 있는 지역에서 다양한 기부 활동을 펼치고 있으며, 커뮤니티를 통한 자원봉사와 각종 구호 활동에도 지원을 아끼지 않는다. 아마존이 제공하는 교육 프로그램은 미국 전역의 비영리 단체들을 통해 학점제로 운영되고 있다.

아마존은 정기적으로 미국 적십자사와 협력해 구호 활동을 위한 전용 배너를 운영하고 있으며, 2001년부터 총 3,500만 달러 이상을 기부해왔다. 아마존은 독서창작 분야 지원 프로그램을 운영하며 창작 그룹을 지속적으로 후원하고 있으며, 도서출판 및 독서토론 행사를 통해 출판문화 발전에도 기여하고 있다.

아마존 고객들은 아마존 위시리스트 Amazon Wishlist 와 아마존 어소시에이츠 Amazon Associates 를 통해 이익금에 대한 각종 기부 등 사회 공헌 활동에 참여할 수 있다. 아마존은 여러 채널을 통해 고객들과 제휴사에 사회 공헌 창구를 열어두고 있으며, 온라인을 통한 영리 기업이면서 사회적 책임과 환경보호를 위해 지속적으로 노력하는 등 진정한 세계 최고 기업으로서의 면모를 보여주고 있다.

제프 베조스는 개인 투자 기업인 베조스 익스페디션즈Bezos Expeditions를 운영하고 있다. 해당 기업의 웹사이트에는 장기적인 사고와 비전을 상징하기 위해 제작하고 있는 '만년 시계10,000 Year Clock', 아폴로 11호의 엔진 복원을 위한 'F-1 엔진 복원F-1 Engine Recovery', 혁신 기업의 발상지로서 시애틀의 모하이MOHAI 박물관에 기부 활동을 지원하는 역사와 산업 시애틀 박물관Seattle Museum of History & Industry, 모교인 프린스턴대학교의 신경과학 연구센터에 기부 활동을 지원하는 신경회로역학을 위한 센터Center for Neural Circuit Dynamics, 청소년들의 잠재력을 개발하고 의미 있는 사회적 교육 프로그램을 제공하는 베조스 패밀리 재단Bezos Family Foundation, 트위터, 37시그널스, 「비즈니스 인사이더」, 「워싱턴포스트」 등 투자 기업이 소개된 목록을 볼 수 있다. 많이 알려지지 않았지만 제프 베조스는 개인의 이익을 넘어 사회적 공익에 기여할 수 있는 다양한 프로그램과 투자를 지속적으로 확대하고 있다.

아마존은 사회 공헌 활동 차원에서 국가를 위해 복무한 군인들을 대상으로 별도의 채용 프로그램인 밀리터리 리쿠르팅Military Recruiting을 시행하고 있다.[9] 아마존은 도전과 혁신, 충성심이 가득 찬 기업을 만드는 데 군인들의 경험이 도움이 될 것으로 봤다. 또한 국가를 위해 헌신한 그들에게 민간에서 취업의 기회를 제공해야 한다

9 https://www.amazon.jobs/en/military

는 뜻도 있다. 이미 입사한 전직 군인들은 내부 조직에서 애사심이 강한 리더의 역할을 수행하고 있다.

시장의 기회를 성공적인 사업으로 연결하기 위해서는 투철한 기업가 정신과 장기적인 관점에서 사업을 지속 추진하는 실행력이 필요하다. 제프 베조스는 "아마존의 뛰어난 자질 중 하나는 새로운 씨를 뿌려 나무를 길러내는 강한 의욕을 지녔을 뿐 아니라 그것에 시간을 들여 실행한다는 점이다."라는 말로 장기적 관점에서 기업가 정신이 필요함을 강조했다.

아마존은 AWS 스타트업 챌린지Start up challenge를 진행하고 있다.[10] 2011년부터 참가 대상을 전 세계로 확장해 미주, 아시아-태평양, 유럽, 중동, 아프리카 등 다섯 개 지역에서 총 15개의 준결승 진출자를 뽑게 되며 글로벌 결승 무대에 진출하는 기업들에게는 1만 달러 상당의 AWS 크레딧을 제공한다.

최종 우승자에게는 우승 상금 5만 달러와 5만 달러 상당의 AWS 크레딧이 수여되며, AWS 프리미엄 지원 서비스와 테크니컬 멘토십 서비스가 1년 동안 무상으로 제공된다.[11] 아마존은 참가 기업들에게 투자도 제의하고 사업화를 적극적으로 검토한다. 아마존웹서비스는 신생 벤처기업들이 사업을 펼치는 데 필요한 인프라스트럭처를 가장 효율적이고 신속하게 구축할 수 있도록 지원한다.

AWS 스타트업 챌린지는 AWS 솔루션을 얼마나 잘 활용하고 있

10 https://aws.amazon.com/ko/start-ups/

11 '아마존웹서비스, 기업 대상 클라우드 활용 경연대회 개최', 「디지털데일리」, 2011년 8월

는지와 함께 사업의 독창성과 창조성, 사업의 장기적 성공 가능성과 확장성, 그리고 시장의 수요를 얼마나 잘 수용하고 있는지 등을 심사한다.

제프 베조스의 아마존 역시 스타트업으로 출발했으며, 성공을 이룬 닷컴의 맏형으로서 새로운 스타트업들에게 학습 기회와 재무 지원을 아끼지 않고 있다. 아마존의 도전과 위기 그리고 성장에서, 스타트업들이 생각해야 할 중요한 포인트는 바로 차별화된 사업 모델이다. 따라서 기업의 지속적인 생존과 성장을 추구하기 위한 주요 수단으로 사업 모델 혁신에 대한 관심이 높아지고 있다.

2000년대 초반 IT 산업의 팽창에 따라 다양한 사업 모델이 등장했으나 불분명한 수익 모델로 실패한 후 부정적 인식이 형성됐다. 사업 모델의 개념과 구성 요소 등에 대한 이해는 성공적인 혁신을 위한 토대를 제공한다. 명확한 고객 가치 제안 및 수익 메커니즘이라는 경쟁력 요소와 선순환 구조 및 모방 불가능성이라는 지속성 요소가 통합된 사업 모델만이 성공할 수 있다.

과거에는 온라인 서비스를 지원하는 인프라와 솔루션 분야의 기업이 큰 비중을 차지했으나, 최근에는 서비스 분야가 확대되고 있다. 주요 온라인 기업은 지속 성장을 이루기 위해 다양한 분야로 사업을 확장하고 있다. 이에 따라 핵심 역량과 플랫폼을 기반으로 연관 분야 확장, 사업 다각화, 서비스 확장, 고객층 확대 등을 추진하고 있다.

과거에 없던 다양한 사업 모델로 고수익을 올리는 기업들이 증가하고 있다. 지나치게 글로벌에 치우치지 말고 해당 지역에서 절대 강자가 되겠다는 의지도 중요하다. 고객의 니즈와 트렌드를 끊임없이 모니터링한 후 자사의 사업 모델에 적용하고 개선하는 꾸준한 노력이 필요하다.

스타트업은 아마존처럼 도전과 열정이 충만한 기업가 정신으로 무장해야 한다. 아직 우리 사회에는 창업에 대한 인식이 보편적이지 않다. 따라서 좋은 아이디어를 가지고 있어도 행동으로 옮기는 사람들은 드문 것이 현실이다. 창업에 대한 인식 전환으로 누구나 좋은 아이디어만 있으면 스타트업에 도전하는 문화가 필요하다.

제프 베조스는 금전적으로 성공이 보장된 직장을 버리고 온라인 유통이라는 미지의 세계로 과감히 도전했다. 수많은 도전자들이 실패라는 쓰라린 경험을 했지만, 좌절하지 않고 다른 사람들과 다르게 세상에 존재하지 않는 가치를 만들었으며 마침내 많은 사람들을 위한 일자리를 창출했다.

2015년 7월에는 기술과 제조 전문 스타트업을 위한 아마존 론치패드launch pad가 오픈했다. 아마존 론치패드는 스타트업 혁신을 지원하는 아마존의 새로운 사업 모델이자 유통 채널이며, 스타트업의 상품 판매뿐만 아니라 다양한 지원 플랫폼과 프로그램을 연계할 것으로 전망된다. 스타트업과의 적극적인 협력이라는 관점에서 메이저 기업다운 행보를 보인 것이다.

론치패드는 아마존 익스클루시브Amazon Exclusives 페이지와 비슷하다. 익스클루시브는 클라우드 펀딩 사이트인 킥스타터에서 성공한 제품들을 한데 모아 판매하는 온라인 전용 쇼핑몰이다. 아마존은 자체 기준으로 엄선한 제품만을 선보였다. 그리고 여러 스타트업이 이 페이지를 통해 시장에 진출할 수 있는 기회를 열어주기 위해 25개 이상의 벤처 캐피털 회사, 스타트업 창업 지원 기관, 클라우드 펀딩 플랫폼들과 협력하고 있다.

제프 베조스는 자신의 일에 대한 결과를 책임질 줄 아는 사람이다. 시대는 달라도 기본적인 정신은 살아있다. 제프 베조스와 아마존은 글로벌 유통과 IT 사업 분야의 만형이 됐고, 도전과 혁신, 고객 최우선이라는 사업 철학은 후배들에게 계속해서 이어질 것이다.

2장

제프 베조스의 전성시대

천재 소년과 창업가의 길

담대한 도전, 위기와 극복

아이디어 머신의 경영 철학

미래의 꿈을 실현하는 우주항공 사업

언론 생태계의 혁신, 「워싱턴포스트」

천재 소년과 창업가의 길

제프 베조스는 1964년 1월 12일 미국 뉴멕시코 앨버커키에서 태어났다. 당시 그의 어머니는 17세의 고등학생이었다. 1년 6개월 후 싱글 맘이 된 그녀는 1962년 쿠바에서 탈출한 이민자인 미구엘 베조스Miguel Bezos와 재혼했다. 양아버지인 미구엘 베조스는 앨버커키대학교를 다니면서 밤에는 뉴멕시코 은행에서 근무했다. 그는 바쁜 직장일과 학업을 병행하며 생계를 유지했고, 그의 아내(베조스의 어머니)는 말단 은행원으로 일했다.

두 사람은 제프 베조스가 네 살이 되던 1968년에 정식으로 결혼식을 올렸다. 이에 따라 미구엘 베조스는 제프 베조스의 법적인 아버지가 됐으며, 부지런한 성품과 뛰어난 두뇌로 훗날 석유 기업인 엑손Exxon의 경영진에까지 오르는 등 아들을 위한 든든한 후원자가 됐다. 그는 향후 제프 베조스가 사업을 하는 데도 큰 영향력을 발휘한 가슴 따뜻한 아버지였다.

제프 베조스는 어린 시절부터 남다른 아이로 여겨질 만큼 우수한 재능을 보였다. 세 살 때에는 어른 침대를 사용하겠다면서 자신의 아기 침대를 분리해 어른 침대로 바꾸려고 드라이버를 들기도 했고, 초등학생 시절에는 자기 방 출입문에 사이렌 경보 장치를 달아서 동생들이 들어오면 알람이 켜지게 하는 등 아이디어와 기술에 뛰어난 재능을 보였다.

양아버지였던 미구엘 베조스와 더불어 큰 영향을 준 사람은 바로 외할아버지인 프레스톤 기스Preston Gise였다. 제프 베조스는 열여섯 살 때까지 매년 여름 방학을 텍사스에 있는 외할아버지의 농장에서 보냈는데, 당시 외할아버지는 미국 핵에너지위원회를 이끄는 등 정부의 고위 공직자로 활동했다.

외할아버지는 과학기술에 대한 자신의 많은 지식과 경험을 제프 베조스에게 가르쳐줬는데 친아버지에게 사랑을 받지 못한 어린 외손자에 대한 연민이 상당히 컸다. 제프 베조스는 외할아버지의 농장에서 소떼를 몰거나 농기구를 이리저리 뜯어보며 놀았다. 그는 어릴 때부터 과학에 큰 관심과 재능을 보였다. 심지어 가족의 차고를 개조해 프로젝트용 실험실을 만든 적도 있다.

그의 부모는 과학 분야에서 천재적인 능력을 보인 아들을 위해 팔메토 과학영재학교의 문을 두드렸다. 과학과 모험은 어린 제프 베조스에게 상상력을 키워준 원동력이었다. 그의 어머니는 스스로 만들 수 있는 전자키트를 사다주면서 아들을 격려하고 동기를 부여

했으며, 평범하지 않은 출생기를 보낸 어린 아들에게 꿈을 심어주기 위해 많이 노력했다.[1]

고등학교 시절이었던 1982년 제프 베조스는 플로리다대학교에서 개최한 고등학생 과학교육프로그램에 참여해 실버 기사 상Silver Knight Award을 수상했다. 그는 고등학교 때 SF소설을 주로 탐독했으며, 우주인이 등장하는 〈스타트렉Star Trek〉 시리즈도 즐겨 봤다. 고등학교 졸업 후 그는 프린스턴대학교에 입학해서 이론물리학을 전공했지만, 생애 최초의 좌절을 경험하기도 했다.

최고의 수재들 사이에서 자신은 잘해야 중간 수준의 물리학자가 될 뿐이라고 생각했기 때문이다. 이후 컴퓨터과학과 전기공학에 더 애착을 느끼고 1986년 프린스턴대학교를 최우수등급으로 졸업했다. 이후 제프 베조스는 2008년 카네기멜론대학교에서 과학과 기술 분야 명예박사 학위를 수여받는 등 이론과 경험을 겸비한 최고의 경영자로 세상의 이목을 끌었다.

프린스턴대학교 졸업반 시절에는 앤더슨컨설팅, 인텔을 비롯한 세계적인 기업들이 그에게 채용을 제안했다. 결국 그의 선택은 신생 기업인 피텔Fitel이었다. 피텔은 컬럼비아대학교 교수 출신들이 세운 벤처 기업이었고 시스템 구축이 제프 베조스의 주요 업무였지만, 기업 사정은 그다지 좋지 않았다. 이후 월스트리트의 금융 기업인 뱅커스 트러스트Bankers Trust로 이직했지만, 안정적인 직장보다 자신의 꿈을 펼칠 곳을 찾던 그는 이곳에서도 오래 머물지 못했다. 그

1 '쉼 없는 혁신가, 제프 베조스, 아마존닷컴 창업자', 이남희, 「신동아」, 2011년 1월호

가 비로소 자신의 능력을 입증한 곳은 세 번째 직장인 헤지펀드 디이 쇼DE Shaw였다.

디이 쇼의 창업자인 데이비드 쇼는 예술적인 재능뿐 아니라 직관력과 분석 능력을 두루 갖춘 인물이었으며, 제프 베조스와 업무 호흡이 잘 맞았고 인간적 교감을 나눌 수 있을 만큼 돈독한 관계를 형성했다. 디이 쇼에서는 금융 부문 소프트웨어를 판매하는 일이 그의 업무였다. 입사 1년여 만에 수석 부사장의 자리에 오른 그는 여성이 스스로 장대한 삶의 목표를 만들고 실행할 수 있도록 돕는 우먼 플로우women flow라는 프로그램을 만들기도 했다.

제프 베조스는 당시 디이 쇼의 동료였던 매킨지 터틀MacKenzie Turtle과 결혼했다. 매킨지는 현재 소설가로 활동 중이며 2006년에는 전미서적협회 최우수 도서상을 수상하기도 했다. 제프 베조스가 매킨지와 결혼한 1993년은 온라인으로 월드와이드웹WWW 서비스가 시작된 해였다. 당시 제프 베조스는 빠른 속도로 성장 중인 온라인 분야에서 유망 사업을 찾는 중책을 맡았다. 그가 창업자인 데이비드 쇼에게 제시한 신사업 아이템은 온라인 도서 판매 사업이었다.

제프 베조스는 온라인 커머스의 잠재력을 생산 잠재력, 가격 형성, 마진, 보급력, 수요 등과 연관 지어 분석했으며 직감적으로 컴퓨터, 소프트웨어, 음악, 의류, 책, 사무용품 등이 온라인 커머스에 적합한 상품이라고 판단했다. 당시 북미 지역에는 300만 권 이상의 책이 출판되고 있었으며, 서적류는 비교적 온라인 검색과 진열에 적합한 분야였다.

그의 상사였던 데이비드 쇼는 그에게 환상의 무지개를 따라가지 말라고 충고했지만, 어떤 일이든 쉽게 포기하지 않는 제프 베조스는 책을 대량으로 유통시킬 방법을 연구했다. 또한 음악 산업이 몇 개 기업에 의해 지배되고 있었지만, 도서 유통 사업은 지배적인 사업자가 별로 없다는 사실에 주목했다.

당시 세계 최대 출판 기업인 랜덤하우스도 10퍼센트 이하의 시장점유율을 확보한 상황이었다. 그는 앞으로 사람들의 온라인 사용률이 매년 2,300퍼센트에 달할 만큼 매우 빠르게 성장할 것으로 전망했다. 당시 미국에서 온라인을 사용하는 인구 비율은 16퍼센트였지만 성장 가능성은 매우 높아 보였다. 그만큼 제프 베조스의 사업 감각은 탁월했다.

당시 미국 정부는 온라인을 산업으로 연결시키기 위해 노력과 투자를 하던 시기였다. 제프 베조스는 이러한 시대 상황을 기회로 활용할 수 있었다. 그는 기하급수적인 성장의 개념과 그 의미를 잘 파악했다. 하지만 몸담고 있던 디이 쇼에서는 온라인 도서 유통 사업 모델에 대해 여전히 냉담한 반응을 보였다. 이내 제프 베조스는 아내와 함께 온라인 서점을 창업하기로 결심하고 과감하게 회사를 떠났다.

당시 그의 최종 결심을 위한 판단 기준이 된 것은 그 유명한 '후회 최소화 프레임워크Regret Minimization Framework'였다. 그는 자신이 여든 살이 됐을 때를 가정했다. 그리고 지금이 그 시점이라면 인생을 되돌아보면서 가장 후회가 적은 길을 생각해보기로 한 것이다. 그는 자신이 창업을 한다면 여든 살이 되더라도 창업한 일을 후회하지 않겠지만, 한 가지만은 분명히 후회할 것이라고 생각했다. 시도조차 하지 않는 것 말이다. 아마존의 역사는 이렇게 시작됐다.[2]

담대한 도전, 위기와 극복

제프 베조스는 텍사스의 가족에게 작별 인사를 하고 아내와 함께 꿈의 도시인 시애틀로 향했다. 그는 시애틀로 가는 동안 각 주별 서적 판매 추이를 분석하는 작업부터 진행했다. 사업을 위해 세금과 물류, 기타 여러 면에서 뉴멕시코, 콜로라도, 네바다, 오리건, 워싱턴 주가 유리하다는 사실을 알아냈고 최종 목적지로 시애틀을 선택했다. 당시 시애틀에는 온라인 전문가들이 많았고, 대형 서적 도매상인 인그램Ingram과 베이커앤테일러Baker & Tailor도 있었다.

제프 베조스는 1994년 7월 5일 아마존의 전신인 커대브라Cadabra를 설립하면서 함께 일할 똑똑한 직원을 찾기 위해 동분서주했다. 디이 쇼에서 배운 대로 최고 수준의 인재를 고용하기 위해 전 직장과 프린스턴대학교, 그리고 인재들이 모인 곳을 중심으로 수소문했다. 그는 우선 썬 워크스테이션 세 대를 구입하고 차고에 설치했다.

1994년 11월 그는 최고의 컴퓨터 전문가 셸 카판, 폴 바튼 데이비스와 함께 창업하는 행운을 얻었다. 그들은 도서정보 제공사인

2 『혼창통』, 쌤앤파커스, 이지훈 지음, 2010년

보우커Bowker의 서적 데이터베이스 CD와 대형 도서 유통 기업의 목록을 참고해서 세계 최대의 도서 데이터베이스를 만들기 시작했다. 그들은 아마존 웹사이트와 사용자 인터페이스 주문 추적 체계 등을 개발하고 시험하는 데 많은 투자를 했다.

1994년 11월부터 1995년 2월까지 제프 베조스와 창립 멤버들은 소프트웨어를 만들기 위해 쉬지 않고 일했으며, 아마존Amazon이라는 기업 이름도 이때 탄생했다. 제프 베조스는 2등인 경쟁자보다 열 배 더 큰 기업을 만들겠다는 포부를 품었고, 'A'로 시작하는 이름이면 온라인 검색엔진 사이트에서 최상위 랭킹에 오를 수 있을 것이라고 생각했다.

아마존의 원래 이름은 마법 주문으로 사용되던 '아브라카대브라abracadabra'에서 따온 커대브라닷컴cadabra.com이었다. 이후 사람들이 이를 커대버cadaver('시체'라는 뜻)라고 잘못 알아듣는 일이 자주 발생해서 아마존닷컴으로 바꾸었다는 이야기도 있다.

1990년대의 온라인 사업에서는 시장 선점 효과가 중요한 이슈였다. 책을 온라인으로 판매한 최초 기업은 아마존이 아니었다. 1991년 실리콘밸리에서 창업한 컴퓨터 리터러시computer literacy에서도 전자우편 시스템을 통해 책을 판매하고 있었다.[3]

당시 아마존은 실제 상용 서비스에 앞서 충분한 베타테스트를 진행하기 어려울 만큼 자금 사정이 좋지 않았다. 따라서 제프 베조스는 친구와 가족들을 동원해 로그인, 검색, 주문, 배송까지 모든 프

3 '아마존, 지구 최대의 인터넷서점', 「지디넷코리아」, 이재구, 2010년 7월

로세스를 상세히 점검했다.

하지만 고객이 책을 한 권만 주문할 경우 문제가 발생했다. 주요 도서 공급처인 인그램과 베이커앤테일러에서 한 권씩은 판매하지 않는다는 정책을 고수했기 때문이었다. 기본적으로 최소 주문 수량인 열 권은 돼야 아마존에 공급할 수 있다는 것이었다.

제프 베조스는 두 기업이 제공하는 목록에서 이미 절판된 『이끼에 관한 이상한 책』이라는 도서를 발견했다. 바로 이 책 아홉 권에 다른 책 한 권을 묶어서 총 열 권을 주문했지만, 판매 중인 책 한 권만이 도착했다. 이 경험을 통해 아마존은 단 한 권의 책이라도 주문과 배송이 가능하게 만들고 희귀본 판매를 특화해서 성장의 발판으로 삼았다.[4]

초기에는 주문 대응력을 높이고자 고객이 온라인을 통해 책을 주문할 때마다 벨이 울리도록 시스템을 구축했다. 하지만 고객의 주문이 연일 밀려들자 벨소리가 끊임없이 울려댔고, 결국 벨소리가 나지 않도록 시스템을 수정해야 했다.

아마존은 웹사이트에 별점 방식(5점 만점)의 독자 리뷰를 도입하면서 업계의 관심을 끌었으며, 도서들 간의 연계성을 분석하고 적용해 고객들의 편의성을 최대화했다. 1995년 7월에는 미국 50개 주와 전 세계 45개국을 대상으로 도서 판매 채널을 확장하는 등 빠른 속도로 성장 궤도에 올랐다.

4 『기업의 천재들』, 말글빛냄, 진 랜드럼 지음, 2006년

Welcome to Amazon.com Books!

One million titles, consistently low prices.

(If you explore just one thing, make it our personal notification service. We think it's very cool!)

SPOTLIGHT! -- AUGUST 16TH

These are the books we love, offered at Amazon.com low prices. The spotlight moves **EVERY** day so please come often.

ONE MILLION TITLES

Search Amazon.com's million title catalog by author, subject, title, keyword, and more... Or take a look at the books we recommend in over 20 categories... Check out our customer reviews and the award winners from the Hugo and Nebula to the Pulitzer and Nobel... and bestsellers are 30% off the publishers list...

EYES & EDITORS, A PERSONAL NOTIFICATION SERVICE

Like to know when that book you want comes out in paperback or when your favorite author releases a new title? Eyes, our tireless, automated search agent, will send you mail. Meanwhile, our human editors are busy previewing galleys and reading advance reviews. They can let you know when especially wonderful works are published in particular genres or subject areas. Come in, meet Eyes, and have it all explained.

YOUR ACCOUNT

Check the status of your orders or change the email address and password you have on file with us. Please note that you **do not** need an account to use the store. The first time you place an order, you will be given the opportunity to create an account.

● 초기의 아마존닷컴 사이트 화면

수익률이 낮은 온라인 커머스 사업의 한계로 초기 사업 자금은 순식간에 사라졌다. 거래 방식의 편리함으로 인해 단기적으로는 폭발적인 판매량을 기록했지만, 자금 사정이 악화됐던 것이다. 즉각적으로 주문에 대응하기 위해서는 대규모의 재고 물량이 필요했고, 막대한 자금 투자도 필요했다.

아마존 설립 시 종잣돈이었던 5만 4,000달러와 부모의 노후 자금인 30만 달러까지 모두 끌어왔지만 역부족이었다. 결국 제프 베조스는 사이트 운영 45일 만에 파산 위기에 몰렸다. 이때 제프 베조스가 눈을 돌린 곳은 인터넷을 낳은 벤처의 발상지인 실리콘밸

리였다. 그곳에는 유명한 벤처 캐피털인 클라이너퍼킨스KPCB, Kleiner, Perkins, Caufield & Byers와 유망 벤처를 알아보는 데 귀재인 전설적 투자자 존 도어John Doerr가 있었다.

1995년 말에 아마존은 20명 이상의 다양한 벤처 자본가들로부터 98만 달러 규모의 자금을 확보하면서 기사회생의 전기를 마련했다. 실리콘밸리의 벤처 캐피털 기업인 클라이너퍼킨스는 1996년 봄, 아마존의 가치를 6,000만 달러로 평가하고 총 800만 달러의 현금을 투자하면서 아마존의 숨통을 단번에 열어줬다.

1997년 5월 아마존은 1주당 18달러로 주식시장에 상장했다. 당시 총 988만 주를 소유했던 제프 베조스는 33세의 나이에 1억 7,780만 달러의 개인 자산을 소유한 부자가 됐다. 주식 공개를 통해 아마존은 총 3,500만 달러의 자금을 조달할 수 있었다.

자금 압박에서 벗어난 아마존은 이후 웹사이트를 본격적으로 홍보하기 시작하면서 판매량도 급증했다. 당시 아들을 믿고 단 2분 만에 30만 달러의 투자를 결정한 그의 부모는 훗날 수십억 달러에 달하는 아마존의 지분 6퍼센트를 보상금으로 받았다.

제프 베조스가 성공 이후 변한 것은 무엇일까? 살고 있던 집이 좀 더 커졌고 낡은 혼다 자동차가 볼보로 바뀐 게 전부였다. 카키색 면바지와 버튼다운식 블루셔츠는 항상 정열이 넘치는 그가 애용하는 드레스 코드다. 스티브 잡스의 진회색 터틀넥 셔츠와 청바지 의상처럼 두 사람 간의 특색 있는 공통점도 발견할 수 있다.

제프 베조스 같은 벤처 창업가들에게 꿈을 이루기 위한 도전은 결코 포기할 수 없는 목표다. 기존 오프라인 중심의 출판 유통업계를 평정한 것은 그의 원대한 계획에서 첫 단계일 뿐이었다. 그는 "온라인 커머스가 아직 초보 단계에 있다는 것은 신나는 일이다. 지금 온라인은 라이트 형제 당시의 항공 기술 수준에 머물러 있다."는 말을 통해 도전 정신과 창조적인 사고방식을 온라인 커머스에 정확하게 대입시켰다.

아마존은 1997년 6월 CD와 DVD를 판매하는 음악 서비스를 오픈했다. 그해 10월까지 아마존은 13만 장의 CD를 보유한 최대 판매 기업에 오르는 등 음반 유통 사업에 집중했다. 쉬지 않고 계획을 실행하면서 1998년에는 장난감, 게임, 소프트웨어, 각종 선물로까지 상품 분야를 확장했다. 이러한 제프 베조스의 벤처 정신을 높이 평가한 미국 시사 주간지 「타임」은 그를 사이버 상거래의 왕이라 일컬으며 1999년 '올해의 인물'로 선정했다.

그러나 2000년 IT 버블의 붕괴로 아마존의 주가가 100달러에서 6달러로 곤두박질치고 흑자 전환을 기대하기 매우 어려운 상황에 처했다. 이에 따라 아마존과 제프 베조스에 대한 투자자들과 언론의 비판은 거세지기 시작했다. 평소 낙천주의자로 알려진 제프 베조스는 "단기간의 주가 변동에는 관심 없다. 고객에게 집중하자."라는 말로 임직원들을 안심시키고 독려했다.

한 가지 사업에 집중하지 않고 무리하게 일을 벌이는 제프 베조스의 스타일 때문에 아마존은 생존 여부조차 불투명하다는 비판도 있었다. 평소 큰 목소리와 특유의 웃음소리로 유명한 그를 두고 최악의 기업을 운영하는 낄낄대는 미치광이chuckling maniac라고 조롱하는 이들도 있었다. 하지만 제프 베조스는 "우리의 사업 모델이 옳다는 걸 우리는 잘 알고 있다."며 쏟아지던 외부의 비판을 일축했다.[5]

1995년 매출액 51만 달러로 시작한 아마존은 2003년에 3,500만 달러의 순이익을 기록했다. 2004년에는 약 70억 달러의 매출액으로 세계 온라인 커머스 업계 1위에 올랐다. 2012년 「포춘」은 제프 베조스를 '한 번도 혁신을 멈춘 적이 없는 미래지향형 기업인'이라 평가하며 그해 최고의 CEO로 선정했다.

2009년에는 매출액 245억 달러를 기록하면서 14년 만에 4만 배가 넘는 매출액 증가를 달성했다. 오프라인 사업에서는 상상할 수 없는 성장 곡선을 보여준 셈이고, 이 덕분에 아마존은 온라인 기업들의 몰락 속에서 살아남은 최고의 기업으로 평가됐다.

아마존은 데이터베이스부터 검색까지 웹과 관련된 기술력에 천문학적인 액수를 투자하며 플랫폼 기업으로서의 도약을 끊임없이 추구했다. 상당히 힘든 도전으로 여겨졌던 그의 사업 전략에 대해 2006년 「비즈니스위크」는 "측정 가능한 숫자를 좋아하던 합리적인 제프 베조스는 사라지고, 기술과 콘텐츠에 천문학적인 돈을 쏟고 있다."고 비판했지만, 얼마 지나지 않아 그의 사업적인 통찰력이 옳았다는 사실이 밝혀졌다.

당시 아마존이 적극적으로 투자했던 클라우드 컴퓨팅과 앱스토어 서비스 부문은 현재 높은 수익을 올리고 있다. 항상 한발 앞서

5 '낄낄대는 미치광이? 웃음 뒤엔 쉼 없는 혁신', 「한국일보」, 2010년 8월 20일

트렌드를 읽고 새로운 사업 기회를 찾아내는 것은 제프 베조스와 아마존이 가진 최대의 강점이다. 이처럼 먼저 미래 시장의 지배력을 확보하게 되면 이후 유리한 고지에서 수익을 지속적으로 창출할 수 있다.

많은 사람이 위험하고 불안정하다고 피할 때, 아마존은 더욱 강력하게 도전하고 핵심에 집중하면서 난국을 돌파하는 전략을 선택했다. 2000년대 초반부터 서비스를 시작한 AWS는 기업이나 개인에게 웹사이트 구축, 결제, 배송 등 전 과정에 필요한 플랫폼을 제공했다.

2007년부터 본격화한 전자책 사업은 그동안 아마존의 주요 수입원이었던 종이책의 판매를 잠식하는 카니발라이제이션cannibalization[6]의 위험이 높을 것으로 예상됐다. 하지만 제프 베조스는 디지털 미디어 산업의 확장과 전자책 시장의 성장을 예측하고 과감하게 투자했다. 그는 킨들kindle을 처음 선보이는 자리에서 "책은 사라지지 않는다. 다만 디지털화될 뿐"이라고 말하면서 전자책 시장의 패러다임을 바꿔놓았다.

아마존과 제프 베조스의 성공 과정에서 매우 위험했던 순간도 있었다. 2003년 3월 제프 베조스는 헬리콥터 사고로 머리에 큰 부상을 당해 생과 사를 오가는 아찔한 순간을 맞기도 했다. 당시 제프 베조스는 목장을 매입하기 위해 텍사스 외곽 지대의 후보지를 돌아

6 기능이나 디자인이 탁월한 후속 상품이 나오면서 해당 기업이 먼저 내놓은 비슷한 상품의 시장을 깎아먹는 경우, 혹은 해외의 값싼 노동력으로 제작한 저가 상품이 국내 시장에 들어와 자사가 국내에서 만든 고가 상품을 밀어내는 경우 등을 말한다.

보던 중이었는데, 그가 타고 있던 헬리콥터가 강풍에 휘말려 갑자기 땅으로 곤두박질쳤다.

그는 당시 사고에 대해 "영화 속 슬로비디오처럼 사고는 천천히 일어났다. 헬기가 추락하는 순간, 심오한 인생의 진리 따위는 떠오르지 않았다. 단지, 이렇게 바보같이 죽는 건가 하는 생각뿐이었다." 라고 회고했다. 이후 치료를 마치고 회사로 복귀한 그는 앞으로 헬리콥터를 타지 않을 것이라고 선언하기도 했다.[7]

창업 초기부터 아마존과 제프 베조스에 대한 시장의 평가는 호의적이지 않았다. 벤처 버블이 붕괴됐을 때 시장은 가장 먼저 아마존의 몰락과 퇴장을 예상했지만, 아마존은 부단한 혁신과 도전 정신으로 모든 위기를 극복해나갔다.

시장은 아마존의 콘텐츠 사업에 대한 시장점유율 확대와 사업 포트폴리오의 미래 방향성에 대해 높은 점수를 주고 있다. 아마존은 효율적인 IT와 물류시스템을 기반으로 각종 상품과 콘텐츠를 유통하고, 이를 백업하기 위한 엄청난 데이터 분석 능력을 갖췄다.

아마존의 마케팅은 철저하고 집요하다. 고객이 한 번이라도 관심을 가졌거나 관심을 가질 것으로 예상되는 상품이 할인할 경우 접점 채널을 통해 알려준다. 이때 다른 고객들의 관심도와 상품 구매 이력을 연결해서 구매력을 빠르게 높인다. 고객들의 지불 의사 Willing To Payment 도 경쟁자들에 비해 높은 편이다.

아마존은 20년이 넘는 도서 유통 경험을 또 다른 혁신의 원동력

7 '글로벌 리더십(3) 제프 베조스 아마존 회장', 「이코노믹리뷰」, 2006년 4월 6일

으로 삼고 있으며 기업의 핵심 자원과 파트너, 고객 분류, 사업 환경 등을 중심으로 고객에게 항상 새로운 가치를 제안하는 사업 모델을 창출해가고 있다.

아마존은 주도면밀한 시장 분석과 미래 예측을 통해 사업이라는 이름의 전쟁터에서 생존하고 최후의 승자가 되기 위해 노력해왔으며, 온라인 서점으로 시작해서 온라인 커머스의 거의 모든 영역으로 확장했다. 개인과 기업 대상의 클라우드 컴퓨팅 서비스, 디지털 콘텐츠의 판매 및 대여 모델, 각종 스마트 디바이스 사업까지 아우르고 있다.

승승장구를 거듭하던 아마존이 신사업에 도전하며 겪은 뼈아픈 실패 사례도 있다. 2014년 마이크로소프트의 윈도우폰 개발 담당 임원을 영입하면서 추진했던 '파이어폰Fire phone'이다. 그해 6월 출시

● 파이어폰의 전면 모습(출처: www.amazon.com)

한 아마존의 첫 스마트폰인 파이어폰은 글로벌 디지털 모바일 산업의 역사를 새로 쓸 것으로 예상됐다.

파이어폰은 당시 하이엔드 칩인 스냅드래곤 800에 2GB 메모리와 1,300만 화소 카메라를 탑재했다. 카메라로 촬영한 상품을 순간적으로 판단해서 아마존 쇼핑몰로 이동하거나 재생 중인 음악이나 영화 콘텐츠의 스트리밍 정보에 곧바로 접근할 수 있는 파이어플라이[Firefly] 기능을 갖췄고, 모션 추적 카메라 네 대로 얼굴 위치를 판단해 보는 각도에 따라 디스플레이에 비추는 영상을 바꾸는 입체 기능 등 획기적인 기술도 적용됐다.

하지만 비싼 가격이 걸림돌이 되면서 고객들의 관심을 얻지 못했다. 처음에는 2년 약정 기준으로 199달러였던 가격을 0.99달러로 내리면서 결국 이 스마트폰은 잊혀진 존재가 됐다. 아마존은 디바이스 제작 판매 사업을 경쟁자들과 다르게 봤고, 단기적으론 손해를 봐도 장기적으로 콘텐츠 판매를 통해 돈을 벌자는 전략이었다. 이미 아마존이 낮은 가격에 다수의 디바이스를 제공해온 만큼 고객들은 파이어폰도 그럴 것으로 예상했다. 하지만 499달러라는 가격은 고객들이 기대했던 수준과 차이가 컸다.

가격 정책에 대한 전략적 판단에 실수가 있었던 것이다. 당시 애플, 삼성전자, 샤오미 등 기존 스마트폰 시장의 강자들은 고급형 시장에서 중저가형 시장으로 영역을 확대했다. 이런 상황에서 제품의 포지셔닝이 명확하지 못했다는 평가가 이어졌으며, 결국 파이어폰은 「비즈니스 인사이더」가 꼽은 '2014년 글로벌 IT 최악의 실패작'

리스트 1위에 오르기도 했다. 파이어폰은 미국과 유럽에서도 출시됐지만 외면받았고 2015년 9월 판매가 중단됐다. 또한 재고 손실을 처리하는 데 1억 7,000만 달러의 비용이 들었으며, 2015년 8월에는 수십 명의 파이어폰 개발 인력을 해고하기도 했다.

비록 파이어폰이 실패했지만, 치열한 도전과 실험을 통해 반전을 이뤄왔던 아마존은 스마트폰 분야를 절대 포기하지 않을 것이다. 모바일 디바이스의 폭발적인 보급을 감안하면 독자적인 스마트폰은 디바이스 사업의 큰 축을 맡고 있기 때문이다.

최근 아마존은 안드로이드 광고를 보는 조건이 붙은 스마트폰을 50달러에 판매하는 스마트폰 사업을 재개했다.[8] 새롭게 출시하는 스마트폰은 잠금 화면에 나오는 광고를 보는 조건으로 아마존 프라임 회원에게는 50달러에 제공된다.

아마존이 출시하는 상품은 레노보의 모토 지Moto G와 블루BLU의 R1 HD 두 기종이며 각각 50달러씩 할인 판매했다. 아마존은 이 상품들을 프라임 회원 전용의 첫 번째 프라임 익스클루시브 폰Prime Exclusive Phone으로 규정했다.

아마존은 고객들이 보조금을 통해 스마트폰 내 광고를 보는 데 불편함이 없다면 사업성을 아주 높게 볼 것이다. 이미 킨들 디바이스 광고 버전을 통해 만족도에 대한 검증 과정을 거쳤기 때문이다. 스마트폰은 디지털 디바이스 구매와 이용률에서 가장 큰 비중을 차

8 http://www.moneytalksnews.com/new-amazon-prime-benefit-50-percent-off-android-phones/

지하고 있다. 실패를 통해 더 큰 도전을 하는 아마존의 행보를 볼 때, 파이어폰2 출시도 충분히 예상되는 시나리오다.

아이디어 머신의 경영 철학

제프 베조스의 성격이 아마존의 성공으로 이어졌다고 할 정도로 그는 아주 밝고 경쟁을 좋아하는 완벽주의자다. 취미는 독서와 컴퓨터 게임이다. 제프 베조스는 다른 글로벌 기업의 경영자들에 비해 상대적으로 드러나지 않은 면이 많다. 독특한 웃음소리로 외부에 괴짜 경영자로 더 많이 알려진 제프 베조스의 리더십이 나타내는 특징은 합리성, 치밀함, 융통성으로 요약할 수 있다.

1995년 7월 아마존은 온라인 서점을 시작하면서 이제 막 걸음마를 뗀 자사를 '세계 최대의 서점'이라고 광고했다. 아마존의 물류창고에 있는 책을 다 합쳐도 반스앤노블 서점 체인 한 곳의 서가에 꽂힌 책보다 적은 상황이었지만, 반전을 노린 제프 베조스는 과장된 문구로 홍보에 나섰다.

대중들이 코웃음을 칠 만큼 눈에 보이는 현실과의 격차가 매우 컸음에도 전혀 개의치 않았다. 온라인이 아우를 수 있는 정보과 공간의 가능성을 믿고 추진한 전략이다. 제프 베조스가 아마존을 창업한 후 지속적으로 이어가는 경영 철학은 기본적으로 고객 중심과 인재 확보, 그리고 원칙과 융통성을 핵심으로 삼고 있다.

우선 아마존은 아무리 고객이 터무니없는 이야기를 하더라도 '고객이 항상 옳다.'는 관점을 가장 중심에 두고 판단한다. 아마존에서 고객은 왕이고, 임직원들은 고객의 요구를 충족시키기 위해 존재하는 신하의 입장과 같다. 고객 중심의 아마존 정신을 느껴본 고객이라면 아마존에 대한 나쁜 인상을 갖기 힘들다.

아마존은 고객의 구매 이력에 따라 관심 있을 만한 책과 상품을 개인별 추천 페이지로 보여준다. 따라서 오프라인에서 점원과 일대일로 상담하는 듯한 느낌을 받는다. 아마존의 개인 맞춤형 서비스는 그만큼 고객 중심적 사고와 연결돼 있다.

고객 중심과 관련된 재미있는 사례가 있다. 어떤 할머니 고객에게서 포장을 뜯기 어렵다는 이메일을 받은 후 아마존은 바로 포장 디자인을 변경했다. 이와 함께 매우 까다로운 고객도 참을성 있게 응대하는 직원을 선호하는 조직 문화와 성과 평가 시스템이 자리잡고 있다.

제프 베조스는 향후 아마존이 웹이라는 세계의 확장된 가능성을 주시하고 이를 위해 도전하는 모습을 지속할 것이라고 여러 투자자들에게 자주 언급했다. 또한 최고의 인력을 확보하기 위해 2003년 블루오리진 설립 당시 "우리의 채용 과정은 극단적으로 어려울 것이다. 어떤 지위에 해당하는 사람이든 각자가 속한 영역에서 기술적으로 천부적인 능력을 보여줘야 한다."는 메시지를 담은 채용 광고로 지원자들에게 깊은 인상을 남겼다.

창업자의 정신에 따라 아마존은 인력 채용 시 창의력을 중심에 두는 인터뷰와 평가를 선호했다. 제프 베조스는 창의적이지 못한 사람들과의 교류를 싫어했고, 심지어 결혼 전에는 배우자의 조건으로까지 창의력을 중요하게 생각했다. 그만큼 목표를 달성하고자 하는 의지가 강렬한 인재를 확보하는 데 주력했다.

제프 베조스는 "측정 가능한가?"라는 질문을 직원들에게 자주 하는 편이다. 프린스턴대학교에서 컴퓨터공학을 전공한 그는 과학영재학교에 다녔을 정도로 정확한 계산에 능했던 만큼 모든 정책적 의사결정에 있어서 데이터 검증과 숫자를 중요시했다. 시장과 경쟁 구도에 대한 치밀한 접근을 통해 비교 우위 전략을 추진했으며, 비록 후발 주자였지만 이를 기반으로 단기간에 성공을 거두면서 목표를 달성해나갔다. 마침내 아마존은 온라인 커머스의 전형적인 마케팅 전략과 기술적 프로세스를 만들었다.

아이디어 머신Idea Machine으로 불리는 제프 베조스는 평소에 "열심히 일하고, 즐기고, 역사를 만들자Work Hard, Have Fun, Make History."라는 말을 즐겨 했다.[9] 열정을 가지고 혼신을 다해 일하며, 이를 통해 결과에 만족하는 직원들의 마음가짐을 강조한 것이다. 또한 개인을 넘어 모든 임직원들의 조직 문화 개선을 위한 핵심적인 문장이기도 하다.

제프 베조스는 분기마다 빌 게이츠처럼 '생각 주간Think Week'이라는 휴식 기간을 갖고 있다. 평범하게 쉬지 않고 웹서핑에 집중하면

9 https://www.washingtonpost.com/business/technology/2013/08/07/b5ce5ee8-ff96-11e2-9711-3708310f6f4d_story.html

서 최첨단의 사회적 유행은 무엇인지 파악하고 분야별 전문가들의 움직임을 예의주시하는 시간이다. 매시간 의사결정을 해야 하는 바쁜 일상에서 벗어나 전화벨조차 울리지 않는 공간에서 제프 베조스는 새로운 꿈과 도전에 대한 의지를 다지고 전략을 수립한다. 이 과정을 통해 산출된 다양한 아이디어는 그가 현장에 복귀한 후 경영 참모들과 현장의 실무자들이 참여하는 토론을 통해 분석된다.

이를 통해 부족한 점은 무엇이고 각을 세워야 할 부분은 무엇인지 확인하고 현장의 아이디어를 접목시켜서 테스트를 통해 현실 가능성을 밀도 있게 검증한다. 아마존의 수많은 실험을 거쳐서 나오는 새로운 시스템과 서비스들은 그만큼의 도전과 실패의 시간을 통해 세상에 선보이는 것이다. 그 모든 기준은 '고객'이 만족할 수 있느냐 없느냐에 달려 있다.

제프 베조스의 가치가 더욱 빛나는 이유는 오프라인 기반의 유통 산업과 첨단 IT 산업이라는 두 개의 거대한 축에서 성공을 만들어가는 유일한 경영자이기 때문이다. 이제 우리는 디지털 사업이라는 새로운 패러다임의 변화를 이끌어가는 제프 베조스와 아마존의 미래에 더욱 주목해야 할 시점이다.

훌륭한 창업자들 중에는 '역발상'을 통해 새로운 아이디어를 내고, 그 아이디어로부터 출발해 큰 성공을 이끌어내는 이들이 있다. 대부분의 사업이 '어떻게 하면 마진을 높일까?'에 대해 고민하지만, 아마존은 예전부터 '어떻게 하면 가격을 낮출까?'를 고민하고 있다.

제프 베조스는 사업하는 사람들에게 장기간 '변하지 않는 것'에 집중하라고 조언한다. 시간이 지나도 변하지 않는 것에는 많은 돈과 노력을 쏟아부을 수 있다. 고객들은 같은 물건이면 최저가를 원하고, 하루라도 빨리 받아보길 원한다. 제프 베조스는 이처럼 대부분의 사람들이 공통적으로 인식하고 필요로 하는 것을 찾는 데 몰입했다. 사업 철학에 대한 다음과 같은 그의 이야기는 많은 시사점을 전해준다.

"저는 '10년 후에는 뭐가 바뀔 것 같습니까?'와 같은 질문을 자주 받습니다. 그 질문도 흥미롭기는 합니다. 그런데 '10년 후에도 바뀌지 않을 것은 무엇입니까?'라는 질문은 거의 듣지 못합니다. 제 생각엔 이 질문이 더 중요하다고 봅니다. 왜냐하면 시간이 지나도 변하지 않는 것을 중심으로 사업 전략을 짤 수 있기 때문입니다. 우리가 속한 소매retail 분야에서는 항상 고객들이 낮은 가격을 원한다는 것을 알고 있습니다. 이건 10년이 지나도 바뀌지 않을 겁니다. 또한 고객들은 빠른 배송을 원하고, 물건을 고를 때 선택의 폭이 넓길 원하죠. 10년 후에 고객이 저에게 와서 '전 아마존을 좋아하지만, 물건 값이 좀 더 올랐으면 좋겠네요.'라고 말하는 건 상상할 수 없습니다. 마찬가지로 '배송 좀 천천히 해주세요.'라는 말도 절대 나올 리 없습니다. 그래서 우리는 이런 일들을 위해 많은 투자와 노력을 합니다. 오랜 시간이 흘러도 변하지 않는 사실이 무엇인지 안다면, 거기에는 큰 투자와 노력을 해도 좋습니다."

최근 제프 베조스는 미국 캘리포니아로 인공지능 · 로봇 · 우주 관련 전문가들을 초청해 '마르스MARS'라는 비밀 파티를 열었다. 마르스는 머신 러닝Machine Learning, 가정 자동화Home Automation, 로봇 공학Robotics, 우주 개발Space Exploration을 뜻하는 각각의 영단어 앞 글자들을 따서 만든 말이다. 리싱크로보틱스, 도요타, 아이로봇 등 로봇업체 관계자들과 학계의 유명 석학들이 이 파티에 참석했다.[10] 제프 베조스는 과거에도 매년 전문가들을 모아 미국 뉴멕시코에서 '캠프파이어'라는 비밀 모임을 열고 이곳에서 얻은 자문 의견을 사업에 반영하기도 했다.

"아마존은 세상에서 '실패'를 하기에 가장 좋은 곳이어야 한다."

제프 베조스가 아마존 주주들에게 보낸 연례 서한의 내용이다. 주주들이 다른 기업과 달리 분기별로 배당하지 않는 점을 불평하고 2015년 큰 실패로 끝난 파이어폰에 대해 비난의 목소리를 내자 제프 베조스는 실패를 허용하는 아마존의 기업 문화를 적극적으로 주장했다.

이어서 그는 "다양한 사업을 진행하는 과정에서 부정적인 결과는 피할 수 없다. 100배의 이득을 볼 확률이 10퍼센트라고 가정해 볼 때, 제대로 된 경영자라면 항상 그런 '내기'에 응해야 한다. 결국

---

10 http://www.businessinsider.com/photos-secret-amazon-robotics-conference-with-jeff-bezos-2016-3

이런 도전에는 불가피하게 열 번 중 아홉 번은 틀린 결정을 하게 돼 있지만 이를 피해서는 안 된다."라고 말했다.[11]

아마존에는 하나의 원칙과 기준만 있는 것은 아니다. 창업 후 20년간 생각이 맞는 사람들이 모여 큰 집단이 형성된 것이므로, 경쟁력 있는 열의가 한 문화 속에서 성장하는 것이 행복이라는 의미로 연결된다. 이처럼, 개척과 발명을 사랑하는 사람들이 세상을 위한 더 나은 성취와 독특한 기업 문화를 이끌어내고 있다.

「하버드 비즈니스 리뷰」 2013년 1월호는 '베스트 최고경영자CEO 100인'을 선정했다. CEO들의 장기간 경영 성과에 따른 순위였는데 1위는 애플의 고故 스티브 잡스였고, 2위는 아마존의 제프 베조스였다. 현존하는 최고경영자로서는 제프 베조스가 가장 높게 평가받은 것이다. 최고경영자를 평가하는 지표로 자주 활용되는 재임 시 해당 기업의 주가 변동 내역을 보면 아마존의 주가는 124.3배 상승했다.

제프 베조스의 경영 철학은 다음과 같이 두 가지로 정리된다. 첫째, 비즈니스 트렌드가 무엇인지 이해하고 이와 함께 움직여라. 고객이 원하는 것을 좀 더 쉽게 손에 넣을 수 있도록 돕는다면 경이로운 성장은 충분히 예상 가능하다. 둘째, 고객에게 원하는 것이 무엇인지 묻지 말라. 아마존은 고객에게 필요한 것을 제시함으로써 얼마나 큰 파급력이 나타나는지 보여줬다. 고객의 요구는 과거의 틀

11 https://www.washingtonpost.com/news/on-leadership/wp/2016/04/06/why-jeff-bezos-says-amazon-is-the-best-place-in-the-world-to-fail/

에 갇혀 있다. 따라서 고객에게 묻기보다 새로운 트렌드로 고객의 욕구를 해결해주는 것이 성공 비결이었다.

미래의 꿈을 실현하는 우주항공 사업

아마존은 세상의 모든 것을 판매하는 거대한 상품 카테고리를 자랑하고 있다. 한 가지 재미있는 사업 모델로, 아마존은 블루오리진Blue Origin이라는 기업을 운영하면서 우주항공 산업에까지 손을 댔다. 따라서 가까운 시일 내에 아마존의 우주여행 상품이 출시될지도 모른다. 블루오리진은 우주선 제작 비용을 줄여 비교적 저렴한 가격으로 안전한 우주여행 서비스를 제공하려는 우주항공 기업으로, 제프 베조스가 사재를 투자해 2000년 창업했다.

블루오리진은 2000년 시애틀에 있는 옛 퍼시픽 메디컬 센터의 한 사무실 주소를 이용해 사업자 등록을 했다. 오랫동안 제프 베조스를 관심 있게 지켜본 사람이라면 블루오리진의 운영은 크게 놀랄 일도 아니다. 그는 아마존 사이트에서 판매되는 우주 분야 도서에 직접 서평을 쓰는 등 우주항공 분야에 매우 관심이 많았을 뿐 아니라, 각종 인터뷰에서 어린 시절 미항공우주국NASA의 인공위성 발사와 달 탐사를 보며 우주비행사의 꿈을 키웠다고 밝히기도 했다. 또한 제프 베조스는 2016년 하반기 개봉 예정인 《스타트렉 비욘드》에 카메오로 출연했다. 그는 이 영화에서 '오피셜 스타플리트'라는 이름의 외계인으로 등장한다.

제프 베조스는 인간이 우주에 영원히 머무를 수 있게 하는 꿈을 이루기 위해 물리학자, NASA를 그만둔 과학자, 우주항공 기업을 설립했다가 실패한 사람, 평생 로켓에 관심을 나타낸 공상과학 소설가 닐 스티븐슨 등을 블루오리진의 로켓 연구진으로 채용했다. 그는 끝없는 도전을 매우 중요하게 생각했다. 경험이 많은 우주항공 전문가들과의 실험은 기업 경영과는 다른 강한 욕구를 불러왔다.

블루오리진은 '우주에 인간의 존재를 알리기 위해 어떤 방법으로든지 돕겠다.'라는 신념으로 전문가들과 비밀 프로젝트를 추진했다. 우주를 향해 한 걸음씩 더 다가서기 위해 블루오리진 멤버들은 명확한 비전으로 치열하게 도전했다. 2007년 1월 2일 공식 홈페이지에 실험용 우주선인 고다드Goddard호의 동영상과 사진이 공개됐다. 이미 고다드호는 2006년 11월 텍사스 서부 지역의 컬버슨카운티의 시험발사 부지에서 성공적으로 시험비행을 마쳤다.

제프 베조스는 2012년 4월, 1969년 발사된 아폴로 11호의 발사 추진체를 찾기 위해 또 한 번 사재를 투자했다. 태평양 심해에 떨어졌던 아폴로의 로켓 잔해는 위치 추적이 완료돼 안전하고 정밀한 발굴을 통해 복원되고 있다. 어린 시절 자신에게 우주를 향한 도전과 희망의 메시지를 심어준 아폴로의 추억을 현재를 살아가는 어린이들에게 선물하고 있는 것이다.

제프 베조스는 에너지 고갈로부터 인류를 보호하기 위한 목적으로도 우주항공 사업에 투자하고 있다. 블루오리진은 '한 단계씩

맹렬하게 추진하자.'라는 뜻의 라틴어 '그라다팀 페로키테르Gradatim Ferociter'를 슬로건으로 삼고 있다.[12]

우주항공 사업에서 제프 베조스에게는 강력한 라이벌이 있다. 바로 영화《아이언맨Iron Man》의 실제 모델이기도 한 테슬라의 창업자 앨런 머스크Elon Musk다. 앨런 머스크도 제프 베조스와 마찬가지로, 어린 시절의 꿈을 실현하기 위해 사재를 투자하고 있다. NASA의 우주선 발사대 사용권 확보와 로켓발사체 귀환 실험을 둘러싼 이 두 인물의 경쟁은 흥미롭다.

로켓 발사체의 귀환은 발사체를 재사용하기 위해 필수적이다. 발사체를 재사용하면 우주여행 비용을 획기적으로 낮출 수 있기 때문이다. 최근 제프 베조스와 앨런 머스크는 트위터를 통해 상대의 도전을 응원하며 실험 성공을 기원해주고 있다.

12 http://www.spaceflightinsider.com/organizations/blue-origin/gradatim-ferociter-blue-origin-tests-new-shepard-failure-mode/

• 블루오리진 로켓 발사 장면(출처: www.blueorigin.com)

블루오리진은 2017년에는 유인 시험비행을 시작하고, 2018년부터 탑승객을 대상으로 본격적인 비행을 시작한다는 목표를 가지고 있다. 요금은 정확하게 밝히지 않았지만 버진갤럭틱Virgin Galactic이 계획 중인 25만 달러 수준으로 예상된다. 제프 베조스는 지금까지 블루오리진에 5억 달러 이상을 투자했으며, 흑자가 가능한 사업으로 여기는 만큼 앞으로도 계속해서 투자하겠다는 의지를 밝혔다.

언론 생태계의 혁신, 「워싱턴포스트」

2013년 4월 제프 베조스는 헨리 블로젯이 창간한 뉴스 사이트 「비즈니스 인사이더Business Insider」에 500만 달러를 투자했다. 이어서 평소 뉴스 미디어의 열혈 독자로 알려진 그는 2014년 8월 베조스 익스페디션즈를 통해 유력 미디어인 「워싱턴포스트Washington Post」를 2억 5,000만 달러에 인수했다. 잘 알려진 것처럼, 「워싱턴포스트」는 리처드 닉슨 미국 대통령을 하야시킨 '워터게이트Watergate' 사건을 특종 보도하는 등 탐사보도로 명성이 높은 미국 최고의 언론사 중 하나다. 출판업계를 흔들었던 제프 베조스가 이제 언론 분야로 사업 영역을 확장한 것이었다. 미디어 사업 경험이 전무한 제프 베조스의 이와 같은 결단에 대해 미디어 업계는 우려와 기대를 함께 나타냈다.

제프 베조스는 대주주로 취임하면서 "인력은 얼마든지 보충해줄 테니 신문 지면만 제작한다는 마인드에서 벗어나 온라인 뉴스의 가치를 키우는 데 주력해 달라."고 임직원들에게 주문했다. 그는 「워싱턴포스트」 인수 후 편집권에는 일절 간여하지 않았다. 대신 언론사가 '미디어 기술 기업'으로 탈바꿈할 수 있도록 투자를 아끼지 않았다.

「워싱턴포스트」는 인수된 지 3년 만에 대대적인 변화를 만들어 냈다. 독자층이 넓어진 것은 물론이고, 디지털 최적화 콘텐츠를 생산하는 기업으로 변신했다. 「워싱턴포스트」는 우선 웹사이트와 모바일 앱을 전면적으로 개편했다. 아르크Arc라 불리는 자체 콘텐츠 관리 시스템CMS, contents management system도 개발했다. 아르크는 A/B 테스팅과 같이 공통 웹 전략을 사용해서 서로 다른 헤드라인과 스토리 형식을 만든다. 결과물이 어떻게 독자들에게 영향을 주는지 추적하는 시스템이다.

기존의 독자를 고객으로 치환해서 접근 방식에서부터 변화를 추구했다. 독자의 기호에 맞춰 더 체계적인 분석과 마케팅 정보를 제공하며, 여기에 다른 출간물들로부터 기사를 골라내는 프로그램을 개발해서 추천 기사를 보여주고 어떤 것을 더 읽고 싶은지 묻고 분석한다.

언론사의 대대적인 혁신을 위한 시스템 개발을 위해 제프 베조스는 기술 팀을 대폭 강화했다. 700명에 달하는 「워싱턴포스트」 정직원 가운데 기술 팀은 총 세 배 정도 증가했다. 마치 「워싱턴포스트」 기술 팀이 실리콘밸리와 경쟁하듯 최강의 실력을 갖춘 것이다. 이에 대해 국제잡지연맹[FIPP]은 "「워싱턴포스트」의 기자, 디자이너, 전략가, 정보 설계사, 사용자 경험 및 프로토타입 개발 전문가 등 모든 직원이 「워싱턴포스트」 웹 플랫폼의 미래에 초점을 맞추고 있다."고 평가했다.

「워싱턴포스트」의 콘텐츠 배포 전략은 페이스북이나 트위터 같은 소셜 네트워크가 담당하고 있다. 2014년 말에는 아마존 파이어 태블릿에 「워싱턴포스트」 앱이 기본 앱으로 탑재됐다. 이 전용 앱을 통해 하루 두 번 기사와 사진, 속보 등을 선별해 공급하며, 이러한 투자를 통해 「워싱턴포스트」 홈페이지 방문자 수를 지속적으로 끌어올렸다. 2015년 11월 「워싱턴포스트」의 홈페이지 순 방문자 수는 7,000만 명을 돌파했다. 2014년 4월 3,370만 명에서 두 배 이상 성장한 규모다.

제프 베조스는 아마존의 경영 철학을 「워싱턴포스트」에도 적용시키려고 했다. 특히 강력한 '고객에 대한 집착[customer obsession]'이라는 문화적인 부분이다. 「워싱턴포스트」의 독자를 고객이라 부르자 많은 것이 달라졌다. 「워싱턴포스트」의 혁신을 성공으로 이끈 핵심 전략은 바로 데이터다. 「워싱턴포스트」의 극적인 재기 과정에서도 아마존이 보유한 큐레이션 기술이 큰 역할을 했다.

「워싱턴포스트」는 아마존의 북매치book match 기술에 착안해 뉴스를 추천해주는 클래비스Clavis라는 큐레이션 기술을 만들었다. 독자들이 읽은 기사의 주요 문구와 내용을 수집 분석해서 좋아할 만한 다른 기사를 제시해주는 알고리즘이다.[13]

「워싱턴포스트」를 방문한 사람들은 클래비스 기반의 큐레이션 서비스로 취향에 맞는 뉴스만 편리하게 골라 읽을 수 있다. 클래비스의 사용에 힘입어 「워싱턴포스트」의 고객은 이전과 달리 빠르게 늘었고, 광고와 유료 구독에 따른 매출 역시 자연스럽게 증가했다. 클래비스를 기반으로 만든 '브랜드 커넥트 인텔리전스Brand Connect Intelligence'라는 광고 추천 엔진도 구축했다. 사이트를 방문한 독자들이 정독하는 기사를 분석해서 관심사에 맞는 광고만 노출하는 기술이다.

제프 베조스의 마술은 「워싱턴포스트」의 성장 기반을 만들면서 회사를 기술 집약적인 조직 문화로 개편했다. 무엇보다 「워싱턴포스트」에 강한 자신감을 불어넣었다는 점에서 향후 더 큰 성장이 기대된다.

13 http://digiday.com/publishers/washington-post-takes-amazon-inspired-approach-native-ad-targeting/

3장

커머스 제국: 온라인 사업의 기본에 충실하라

온라인 커머스 사업의 표준

원클릭과 맞춤형 추천 시스템

강력한 충성 고객, 프라임 회원

공격적 제휴와 기업 인수

지속적인 물류 인프라 구축

롱테일 법칙과 신규 서비스 발굴

소셜 커머스 진출의 명암

진화하는 아시아 지역 전략

온라인 커머스 사업의 표준

정보통신기술ICT, Information and Communication Technology의 발전은 전통적인 상거래를 근본적으로 변화시켰다. 오프라인 커머스는 시간과 공간의 측면에서 제약이 많았다. 실제로 오프라인 상점이 하루 24시간 영업을 한다고 해도 제한된 수의 고객만이 상점에 올 수 있다.

디지털과 모바일 환경에 익숙한 고객은 온라인을 통해 상당히 많은 정보를 실시간으로 습득해 활용하고 있으며, 가격비교 검색 기능을 통해 자신에게 가장 유리한 구입 조건을 설정할 수 있다. 또한 고객은 많은 정보를 보유한 동시에 소셜 네트워크 등을 통해 서비스나 상품에 대한 불만의 목소리를 바로 퍼뜨릴 수 있다. 마찬가지로, 만족스러운 평가 역시 빠르게 확산시킬 수 있다. 이와 같이 입소문 마케팅의 진가가 발휘되는 곳이 바로 온라인이다.

온라인 커머스의 대표 기업으로 성장한 아마존은 누구보다 온라인 산업의 메커니즘을 잘 이해하고 있다. 서점으로 시작한 아마존은 고객의 수요에 맞춰 공급자에게 탄력적으로 주문하고, 출고되는 책의 모든 정보를 축적했다. 또한 책에 대한 정보를 각 권마다 파악해서 마케팅에 활용하거나 고객에게 유용한 정보로 제공한다.

아마존의 온라인 사업을 이끄는 세 가지 키워드는 저렴한 가격low prices, 다양한 상품 구비large selection, 이용 편의성 강화greater convenience다. 이를 기반으로 아마존은 온라인과 디지털을 통해 낮은 변동비를 실현함으로써 이익 개선에 주력했다. 그리고 IT 운영 능력을 기반으로 실시간 최적화 시스템을 구축했다.

온라인 커머스는 판매자와 구매자가 바로 연결되기 때문에 도매점이나 소매점 같은 다단계 유통 채널이 필요 없으며, 24시간 운영할 수 있고 지역적인 제약 없이 전 세계 어느 누구와도 거래할 수 있다. 아마존은 오프라인 상점보다 저렴한 가격으로 고객에게 상품을 제공한다. 이를 위해 유통 구조를 단순화시켜 비용 절감을 이끌어냈다. 매장 설치와 관리 및 유통 과정에서 절약되는 비용을 상품의 판매 가격에 반영했다.

아마존의 초기 웹사이트 콘셉트는 샵테인먼트Shoptainment라고 부르기도 했다. 단순히 저렴한 가격이 아니라 쇼핑하는 즐거움을 주기 위한 요소들을 아마존이 제공하기 때문이다. 고객에게 즐거운 쇼핑 경험을 제공하고 다양한 기회를 주기 위해 판매 상품 다각화에 집중했다. 1998년 CD와 비디오 분야의 사업 다각화를 위해 텔레북Telebook과 북페이지Bookpage라는 기업을 인수한 이후, 지금도 역량

있는 기업을 대상으로 투자와 인수 합병 전략을 추진하고 있다. 부족한 상품 라인은 파트너십과 네트워크를 통해 빠르고 안정적으로 확보했다. 이를 통해 아마존은 신규 시장에 쉽게 진입했고, 원스톱one-stop 쇼핑의 만족도를 강화시킬 수 있었다.

원클릭과 맞춤형 추천 시스템

커머스 사업의 꽃은 결제 시스템이다. 아마존의 원클릭은 고객의 정보를 매번 입력할 필요 없이 한 번 저장된 정보를 이용해 버튼 하나를 클릭함으로써 모든 구매가 완료되는 결제 시스템이다. 고객이 상품을 구입할 때마다 주문 내용이 달라지는 경우도 있지만, 프로세스는 동일하다.

그래서 일일이 새로운 정보를 입력하지 않고, 원클릭 옵션을 사용하면 매우 편리하다. 예를 들어 고객 프로필이 담겨 있는 선택 항목, 즉 구입 대금 결제 카드, 배송지 주소, 배달 방법 등을 한 가지씩 골라 고정해두고 사용할 수 있다.

고객 프로필에는 모든 거래 기록, 즉 구입 도서의 목록과 수령인, 발송일 등이 전부 담겨 있다. 고객은 자신이 어떤 상품을 구입했는지, 선물을 했다면 어떤 상품인지를 원클릭 정보를 통해 쉽게 확인할 수 있다. 온라인을 통해 고객에게 주는 가장 중요한 편익은 바로 즉각적인 대응이다.

아마존은 내부 알고리즘을 통해 고객의 취향에 맞는 상품을 추천한다. 고객이 구입했던 상품 데이터와 사용자 성향을 분석해서 추천 알고리즘이 자동으로 실행되고, 고객에게 호기심을 불러일으키는 상품 목록을 제공하면서 재구매를 적극 유도한다.

매일 사이트에 접속하는 고객들의 선택과 결정 데이터는 수치화돼 서비스를 개선하는 데 이용된다. 아마존은 오픈 게시판, 상담 이메일 등의 경로로 들어오는 고객의 요구 사항에 대해 추천센터recommendation center를 운영하고 있다. 이를 통해 고객이 언제 어떤 문의를 하더라도 30분 내에 내용 분석을 끝내고 처리 사항에 대한 응답을 보낸다.

아마존은 고객의 클릭과 구매 정보를 모니터링하면서 프로파일 분석에 근거한 상품을 추천한다. 추천에 필요한 상품과 상품의 관계는 백엔드 배치 프로세스Back-end Batch Process로 미리 계산한다. 이를 위해 아마존은 장시간의 계산이 필요한 데이터를 미리 산출하고 적용한다.

아마존 추천 알고리즘의 핵심은 상품과 상품 사이의 관계성을 어떻게 정의하고 분석하는가에 달려 있다. 상품과 상품 사이의 관계성을 상품 간 유사성Item-to-Item Similarity이라고 한다. 전통적인 협업 필터링Collaborative Filtering 또는 클러스터링Clustering은 사용자와 사용자 사이의 유사성을 기준으로 하고, 아마존은 상품과 상품 사이의 유사성을 기준으로 삼는다. 방법마다 장단점이 있지만, 상품 카테고리가 확대될수록 아마존의 추천 알고리즘이 매출과 만족도 측면에서 더 높은 편이다.

아마존은 단기적인 이익에 관심을 집중하면 장기적인 고객 만족에 소홀해진다고 판단했다. 그래서 고객이 온라인 검색, 주문, 결제에 미숙하더라도 쉽게 사용할 수 있는 편리한 시스템을 구축했다. 고객의 불만 사항에 대해서는 즉각적으로 개선하거나 선제적으로 대응했다. 제프 베조스는 온라인 거래가 활성화되면 거래의 주도권이 고객에게 넘어갈 것이라는 점을 예측하고 실행한 것이다. 아마존은 서비스를 고객에게 맞추고, 웹사이트 방문자들을 서비스에 관여시켰다. 고객들의 상품 평가와 선호도를 데이터로 구축한 것은 집단지성의 반영으로 볼 수 있다. 다수의 좋은 평가는 만족도가 높은 선택으로 연결되고, 아마존의 신뢰도를 높여주는 역할을 하고 있다.

아마존은 사이트 방문 고객의 이름이 표시된 개인화된 웹 페이지를 보여준다. 따라서 간단한 인사말과 새로운 추천 상품 목록을 볼 수 있다. 첫 페이지에서 개인화 공간을 만나게 되는 것은 단골 상점 입구에서 사고 싶은 상품들만 모아놓은 진열대를 보는 것과 같다.

아마존은 고객이 사이트를 찾아올 때까지 기다리지 않는다. 웹과 소셜 네트워크 프로모션, 미디어 광고를 통해 사이트 방문을 유도한다. 사이트의 모든 웹 페이지에서는 로딩 속도가 느린 대형 그래픽 이미지의 사용을 지양한다. 이 덕분에 온라인 커머스 플랫폼 중 가장 빠르고 접근성이 우수하다는 평가가 지배적이다.

아마존이 20년간 확보한 상품평 데이터베이스는 경쟁사들이 쉽게 넘을 수 없는 매우 굳건한 진입 장벽이다. 고객의 행동 패턴을 기반으로 개인화된 추천 페이지와 이메일을 보내는 데 활용하고 있기 때문이다. 아마존은 내부에 '개인화 그룹'이라는 조직을 만들고, 수학 · 통계학 · 컴퓨터공학 · 심리학 등을 전공한 수백 명의 전문 연구원을 배치했다. 최고 수준의 예측과 개인화 기술을 기획하고 운영하는 힘은 여기에서 비롯된다.

아마존은 사이트와 웹 페이지의 구성 변화에 따라 고객들의 마우스 클릭이 어떻게 변하는지도 분석한다. 화려한 외관에 치중하기보다는 상품의 구색 강화, 가격, 사용자 경험, 배송, 추천 등 고객 서비스를 개선하는 데 투자를 아끼지 않는다.

또한 고객에게 맞는 다양한 상품을 저가로 추천해서 충성도를 높이고 장기적인 관계를 유지한다. 경쟁자들의 고객 재방문율이 평균 3~5퍼센트에 그칠 때, 아마존의 재방문율은 무려 15~25퍼센트에 달했다. 이와 같은 높은 재방문율은 아마존의 위력을 느끼게 한다.

기술의 중요성이 아무리 강조되는 시대라 하더라도 기업의 장기적 생존을 결정하는 핵심 요인은 고객과의 관계 구축이다. 아마존은 경쟁 중심competitor-focused 전략보다는 고객 중심customer-focused 전략을 더 중요하게 생각한다. 경쟁사를 벤치마킹하는 데 시간과 비용을 투자하기보다는 고객들이 변함없이 이용하는 상품과 서비스를 찾는 데 주력하고 있다.

강력한 충성 고객, 프라임 회원

아마존은 미국 온라인 커머스 시장에서 절반 이상의 비중을 차지할 정도로 압도적인 위치에 있다. 이에 따라 시장 규모가 1달러 성장할 때 아마존은 51센트 성장하는 것으로 분석됐다.[1] 결과적으로, 아마존을 제외한 다른 소매업자들은 49센트를 위해 고군분투하는 셈이다. 아마존의 성장을 주도하는 원인으로는 프라임 회원제를 꼽을 수 있다. 현재 미국 가계의 약 25퍼센트가 아마존 프라임 회원제에 가입했다. 또한 2020년까지 미국 가계의 50퍼센트가 아마존 프라임에 가입할 것으로 예측된다.

'프라임prime'은 '첫째', '주요', '최고' 등의 뜻과 함께 소수素數, 즉 '1과 자신 말고는 약수가 없는 자연수'라는 뜻도 지닌다. 제프 베조스는 2005년 프라임 회원제를 공개하면서 연회비를 79달러로 결정한 이유 중 하나로 79가 소수라는 점을 언급하기도 했다.

2005년 미국에서 프라임 서비스를 시작한 아마존은 회원수 1억 명을 넘어섰다. 연회비는 79달러에서 시작해서 2018년 5월부터 119달러로 운영되고 있다. 이러한 인상에도 신규 회원과 재가입 회원 수는 꾸준하게 늘어나고 있다. 프라임 연회비보다 서비스의 가치가 월등하게 높다는 고객들의 평가가 훨씬 많기 때문이다. 자주 구매할수록 이득이 많은 회원제 모델이라서 아마존이 구축한 유통 플랫폼에서 계속해서 구매를 반복하게 한다.

---

1 https://www.internetretailer.com/2015/12/23/amazons-growth-accelerates

아마존에게 충성도 높은 프라임 회원들은 든든한 지원군이다. 아마존 프라임 멤버십은 2일 내 무료 배송, 영화 및 음악 스트리밍, 클라우드 서비스, 전자책 무료 대출 등의 다양한 혜택을 누릴 수 있는 회원제 방식이다. 프라임 회원은 아마존이 보유한 4만여 편의 프라임 회원 전용 영화 및 TV 콘텐츠, 그리고 100만 개 이상의 음악을 실시간으로 감상할 수 있다. 해당 서비스는 PC, 태블릿, 스마트폰, 스마트TV에 설치된 아마존 인스턴트 비디오와 아마존 뮤직 전용 앱을 통해 이용 가능하며 프라임 멤버십 전용 콘텐츠는 수시로 업데이트되고 있다.

• 아마존 프라임 회원제 10주년 기념 인포그래픽

회원은 지급받는 전용 클라우드 계정을 통해 해당 공간에 사진을 무제한으로 저장할 수 있다. 아마존이 독자적으로 판매하고 있는 킨들 태블릿을 보유한 고객들의 경우 아마존이 제공하는 100만 종의 전자책 중 매월 한 권을 무료로 대여해 열람할 수 있다.

프라임 회원 상품은 판매자가 배송하는 상품이 해당 시스템을 지원하는 것으로 구분된다. 아마존은 일반 계정을 보유한 회원들에게 30일간 무료로 사용해볼 수 있도록 체험 기간을 제공한다.

아마존 프라임 멤버십에 가입하기 위해서는 먼저 아마존 홈페이지에서 일반 회원으로 가입하고, 별도의 프라임 멤버십 홈페이지에 접속해 멤버십 가입 메뉴로 전환한 후 카드번호와 주소 등 간단한 정보를 입력하면 된다. 무료 체험 기간 이후에는 유료 회원으로 자동 전환되는데, 원하지 않을 경우 언제든지 해지할 수 있다. 아마존은 학생이나 유아를 동반한 부모의 경우, 일반 프라임 멤버십과 다른 프라임 스튜던트, 프라임 맘 회원제를 통해 최대 90일까지 무료 체험을 제공한다.

프라임 회원은 집 안에 설치된 버튼으로 상품을 자동 주문하는 아마존 대시[dash] 프로그램도 사용할 수 있다. 대시 버튼을 통해 주문 가능한 상품은 커피와 세제 같은 생활필수품으로 제한되며 주문 코드가 등록된 대시 버튼을 별도로 요청해야 한다.

각종 야채와 과일 등의 신선식품과 냉장된 육류를 각 가정에 당일 배송하는 아마존 프레시 서비스도 운영하고 있다. 아마존 프레시는 로스앤젤레스와 샌프란시스코를 시작으로 20개 도시로 확대

중이며, 프라임 회원들은 연간 회비가 299달러인 이 서비스를 30일간 무료로 체험할 수 있다.

시장조사 업체인 컨슈머 인텔리전스 리서치 파트너스Consumer Intelligence Research Partners의 발표에 따르면, 2015년 아마존 프라임 회원들은 아마존에서 연간 1,100달러를 소비했다. 이는 비회원들의 연간 소비액인 600달러보다 약 두 배 정도 높은 수준이다.

회원들의 사이트 이용률도 매우 높다. 시장조사 기업인 밀워드 브라운 디지털이 공개한 자료에 따르면, 아마존 프라임 회원은 1퍼센트 이하만 월마트나 타깃 등의 다른 사이트를 이용했고 대부분이 아마존 사이트에서 상품을 구매했다.[2]

프라임 가입자는 월마트나 타깃 고객보다 훨씬 젊은 편이다. 아마존 프라임 가입자의 평균 나이는 36.5세인 데 반해, 월마트는 42세였다. 그리고 프라임 가입자는 월마트보다 다양한 종류의 상품을 구매했다. 아마존 프라임 가입자는 1년 전 3.5개 항목의 상품을 구입했지만, 2016년 들어서는 네 개 항목의 상품을 구입했다.

반면, 아마존 프라임에 가입하지 않은 회원은 아마존 사이트와 다른 사이트를 함께 이용하는 빈도가 프라임 회원보다 여덟 배나 높다. 아마존 킨들 사용자도 프라임 회원이 비회원보다 두 배 많다. 2014년 아마존 사이트에서 프라임 회원 트래픽은 300퍼센트나 증가했다. 오프라인 매장에 가기 전에 아마존에서 구매할 상품의 가

2 http://www.forbes.com/sites/clareoconnor/2015/04/06/walmart-and-target-being-crowded-out-online-by-amazon-prime/#6dedb30e1619

격이나 소비자 평가를 찾아보는 경우가 많고, 일부는 아마존만 이용하는 것으로 확인됐다.

2014년 말 출시된 아마존 프라임 나우prime now는 프라임 고객을 대상으로 1~2시간 이내에 온라인 주문 상품을 배달해주는 서비스다. 거의 총알 배송으로 부를 수 있을 정도며 2시간 내 배송은 무료, 1시간 내 배송은 7.99달러에 이용할 수 있다. 아마존 프라임 나우는 뉴욕의 맨해튼 일부 지역에서 시작됐으나, 2015년 말에는 미국 내 약 20개 대도시 지역metropolitan areas까지 확대됐다. 미국 이외에 영국 등 해외 서비스 지역도 확대되고 있다.

프라임 나우로 인해 아마존은 물건을 즉시 수령할 수 있는 오프라인의 가치를 온라인에서도 대등하게 제공한다. 물론 모든 상품에 대해 1~2시간 이내에 배송되는 것은 아니며, 지역에 따라 다르지만 약 15,000~40,000개의 상품에 적용된다. 실재적 가치가 고객에게 지속적으로 인식되면 상품 구입을 위한 오프라인 매장의 필요성이 줄어들고 결국 아마존에 머무르는 시간은 더 길어지게 된다.

아마존은 2014년부터 단골 고객을 대상으로 파격적인 할인 가격을 제시하는 프라임데이prime day 행사를 열고 있다. 7월 중 단 하루 동안 프라임 회원에 한정해서 파격적인 할인 가격으로 10만 개 이상의 상품을 판매한다. 신규 가입자와 기존 가입자 모두 이날 미국, 영국, 일본, 스페인, 이탈리아, 독일, 프랑스, 캐나다, 벨기에, 오스트리아에서 이 행사에 참여할 수 있다. 프라임데이는 아마존이 연말 쇼핑 시즌의 블랙프라이데이나 사이버먼데이를 모방해 만든 여름

쇼핑 대목을 노린 행사다.[3]

2016년의 프라임데이(7월 12일 진행) 때는 미국 내 주문량이 전년 대비 50퍼센트 늘어났고, 전 세계 주문량은 60퍼센트 증가한 것으로 집계됐다. 프라임데이가 처음 열린 전년에는 평소보다 매출이 4억 달러 증가했다.

2016년 행사에서 가장 많이 판매된 아이템은 TV 스트리밍 기구인 '파이어 TV 스틱'이었으며 '에코', '킨들 태블릿' 등이 전년 프라임데이보다 세 배 더 많은 주문량을 기록했다. 특히 이날 하루 동안 모두 3,440만 개의 아이템이 판매돼 전년도 블랙프라이데이 판매 실적을 넘어서는 사상 최대 거래 기록을 세웠다. 2016년 프라임데이 기간에 해외 및 미국 내 매출은 각각 전년 대비 60퍼센트와 50퍼센트씩 증가해 미국 내 가장 큰 세일 행사인 블랙프라이데이까지 추월한 것이다.

한편 아마존은 프라임 스튜던트 회원을 대상으로 대학생 대출 서비스를 지원한다. 아마존은 2016년 7월 미국 대형 은행인 웰스파고와 제휴를 맺고 학생들을 상대로 대출 서비스를 제공하기 시작했다. 유료 멤버십 서비스인 아마존 프라임 스튜턴트에 가입한 대학생들이 웰스파고에서 종전보다 저렴한 이자율로 대출을 받을 수 있도록 한 것이다.

이것은 아마존 사이트를 통해 대출 가능한 방식이다. 웰스파고

3 https://www.washingtonpost.com/news/business/wp/2016/07/12/amazons-prime-day-is-here-with-100000-deals-and-a-lot-of-hype/

에서 3.39퍼센트의 이자율로 대출을 받을 수 있는 자격을 가진 학생이 아마존 프라임 스튜던트 회원이라면 2.89퍼센트의 이자율이 적용된다. 아마존은 학생 고객들을 잡기 위해 2010년 스튜던트 프로그램을 선보였는데, 웰스파고와의 제휴는 프라임 스튜던트 서비스 가입자를 늘리기 위한 지원 모델로 이해할 수 있다.

공격적 제휴와 기업 인수

전략적 제휴가 갖는 장점은 시간과 자원의 활용 측면에서 유연성이 커지므로 환경 변화에 효과적으로 대응할 수 있다는 것이다. 불확실성이 높은 사업 환경에서 위험 부담이 큰 의사결정을 할 때에는 내부 역량을 치밀하게 활용해야 한다. 그리고 부족한 역량은 외부 파트너와의 제휴 협력을 통해 보완해야 한다. 위험을 분산시키고 시너지 효과를 강화하기 위해서는 체계적인 관리 시스템이 필요한데, 전략적 제휴는 빠르고 유연한 대응을 위한 효과적인 카드다.

아마존은 1996년 7월 어소시에이츠 프로그램Associates Program을 통해 본격적인 제휴 시장에 진출했다. 제휴 마케팅은 협력을 통해 서로에게 이득이 되는 관계를 형성하는 개념으로, 온라인 사업의 필수 모델이다.

흥미롭게도, 아마존이 제휴 마케팅의 단초를 얻은 곳은 칵테일 파티였다. 1996년 7월 제프 베조스는 어느 칵테일 파티에서 아마존을 통해 책을 판매하고 싶어 하는 한 여성을 만났다. 여기서 아이디어를 얻은 제프 베조스는 여성이 운영하는 사이트를 통해 이용자가 아마존으로 편리하게 넘어올 수 있게 링크를 제공했다. 또한 해당 사이트에서 연결된 이용자가 아마존에서 책을 구매할 경우 수익금의 일부를 수수료로 지급하는 계약을 체결했다. 해당 서비스는 성공해서 빠르게 성장했고, 수개월 사이에 10만여 개가 넘는 제휴 사이트를 확보하게 됐다.

아마존과 토이저러스Toysrus의 장난감 상품 판매 제휴 마케팅도 좋은 사례다. 제휴 당시 아마존은 온라인 쇼핑 사이트 운영을 담당했고, 토이저러스는 오프라인의 상품 매입과 재고 관리를 담당하면서 시너지 효과를 이끌어냈다. 양사의 제휴 덕분에 2000년 크리스마스 시즌의 장난감 분야 매출액은 최고 수준을 기록했다.[4]

토이저러스와 더불어, 아마존의 사업 초기에 제휴를 통해 가시적인 성과를 많이 낸 또 하나의 기업은 넷스케이프Netscape였다. 아마존은 자사의 도서 데이터베이스를 매달 수천만 명에 이르는 넷스케이프 사용자들에게 제공했다. 당시 넷스케이프의 온라인 시장점유율을 활용해 판매의 극대화를 기대하는 전략이었으며, 넷스케이프는 아마존과의 제휴를 통한 판매 수수료를 확보했다.

아마존은 자사의 회원 수를 빠르게 늘리기 위해 제휴와 인수 합병을 활용했다. 당시 시장 전문가들은 아마존의 공격적인 행보를 강자가 약자를 먹어치우는 일반적인 기업 인수 합병과 다른 것으로

4 '닷컴의 돌파구, 인수 합병과 제휴', LG경제연구원, 2001년

평가했다. 아마존은 피인수 기업의 문화, 사업 방식, 경영 자율성을 최대한 보장한다. 고객 최우선이라는 가치를 제휴 전략이나 인수한 기업에 내재화시키기 위해 집중적으로 노력했으며, 기업 인수를 통해 서로 다른 두 기업의 공급 사슬supply chain에서 중복되는 부분을 제거해 비용을 절감하고 이익을 증가시켰다.

아마존은 전자책 킨들 파이어 제작을 위해 터치코Touchco를 인수하면서 주도적인 터치스크린 기술을 확보할 수 있었고 PDF 엔진 기술 확보를 위해 팍싯Foxit에도 직접적인 투자를 아끼지 않았다. 또한 미디어 콘텐츠 확보를 위해 영국의 넷플릭스라고 불리는 러브필름Lovefilm, 인디뮤직 온라인 서비스 제공 기업인 에이미스트리트Amie Street를 인수했다.

2012년 아마존은 물류 작업용 로봇을 제작하는 키바시스템즈Kiva Systems를 7억 7,500만 달러에 인수하면서 기업 인수 경쟁에 불을 당겼다. 2009년 온라인 신발 유통사 자포스를 12억 달러에 인수한 이후 가장 큰 규모의 기업 인수 합병이었다. 이어서 아마존은 킨들을 통해 구축한 전자책 생태계를 활성화하고 장르 문학 분야를 강화하기 위해 아발론북스avalon books를 인수했다.

2012년 7월에는 3D 지도 업체인 업넥스트UpNext를 인수하면서 구글과 애플이 경쟁하고 있는 지도 시장에 강력한 경쟁자로 아마존이 새롭게 떠올랐다. 업넥스트는 이미 애플 iOS와 구글 안드로이드 기반으로 3D 지도 앱을 선보인 기업으로서 50개 이상의 지역과 도시를 정교하게 반영한 3D 지도를 서비스했다.

2013년 1월에는 텍스트 읽기 및 음성인식 전문 기술을 갖춘 폴란드 기업 아이노바 소프트웨어IVONA Software를 인수했다. 아마존은 인수 비용 등 상세한 조건에 대해서는 분명히 밝히지 않았다. 아이노바의 기술은 아마존 태블릿인 킨들 파이어Kindle Fire에서 이미 사용 중이며, 눈이 불편한 사용자를 위해 콘텐츠를 음성으로 읽어내리는 옵션 등이 채택됐다.

2013년 10월 아마존이 인수한 텐마크스TenMarks는 교육 전문 플랫폼이다. 이 플랫폼은 교육 시장의 잠재력과 안정적인 성장을 목적으로 했으며, 킨들 사업과의 연계를 통한 시너지 효과가 아마존이 노리는 한 수로 보인다.

2014년 4월에는 세계 최대 디지털 만화 포털인 코믹솔로지ComiXology를 인수했다. 코믹솔로지는 마블MARVEL, DC 코믹스와 같은 대형 만화 업체의 타이틀을 제공한다. 아이패드용 앱이었던 코믹스Comics 앱은 이제 iOS, 안드로이드, 윈도우8, 킨들 파이어 등 모든 주요 플랫폼에서 이용할 수 있다. 코믹스 앱 만화는 애플 앱스토어에서 게임을 제외하고는 당시 최고의 매출을 기록했다. 현재 두 회사는 만화와 그래픽노블의 새로운 시대를 향해 서로 협력하고 있다.

또한 아마존은 2014년 8월 비디오게임 영상 스트리밍 사이트인 트위치Twitch를 9억 7,000만 달러에 인수했다. 트위치는 게임을 실시간으로 이용자들이 볼 수 있게 해주는 게임 방송 중계 사이트다. 이 사이트는 월간 활동 회원 수만 5,500만 명에 달하는 등 성장세를 이어가고 있다. 트위치는 매달 수백만 명의 사람들이 게임 영상을 볼 수 있는 플랫폼을 만들었다. 현재 아마존은 게임 커뮤니티를 위한 새로운 서비스를 신속히 개발하도록 트위치와 협력하고 있다. 게임 사업에서 아마존의 광폭 행보는 트위치 인수를 통해 더욱 뚜렷해지고 있다.

2015년 3월에는 AWS가 사물인터넷IoT, Internet of Things 분야에서 경쟁력을 갖춘 미들웨어 업체인 투레메트리2lemetry를 인수했다. 사물인터넷 플랫폼이 클라우드 시장의 격전지로 대두될 것인지 지켜볼 만한데, AWS는 향후 투레메트리의 기업용 미들웨어를 퍼블릭 클라우드의 사물인터넷용 플랫폼으로 서비스할 목적으로 기업 인수를 결정했다.

2015년 9월에는 아마존이 AWS의 동영상 서비스 강화를 위해 엘레멘탈 테크놀로지Elemental Technologies를 인수했다. 이 회사는 아날로그 영상을 다양한 포맷의 디지털 영상으로 변환하는 동영상 기술 기업이며 BBC, 컴캐스트, ESPN, HBO 등 70여 곳 이상의 기업 고객을 확보했다.

아마존이 공격적으로 사업 영역을 넓혀 나간 것은 도서 판매만으로는 지속 가능한 성장이 힘들다는 것을 인식했기 때문이다. 아마존의 사이트를 기반으로 빠르고 크게 몸집을 키워야 시장을 지배할 수 있다고 판단한 것이다. 아마존은 기존에도 유통 플랫폼 구축을 통해 전자책 콘텐츠와 미디어 콘텐츠를 판매하고 이를 소비할 수 있는 디바이스를 개발했으며, AWS는 '기업용 유통 플랫폼'으로 성장을 거듭하고 있다.

2017년 미국의 식료품 유통 체인 홀푸드Whole Foods를 135억 달러에 인수했다. 미국 텍사스에 본사를 둔 홀푸드는 1978년 설립됐으며 유기농 상품을 주로 취급하는 '자연주의' 이미지를 내세워 미국 소비자들에게 큰 인기를 끌고 있다. 미국 전역에 464개 매장을 운영하고 있으며 직원 수는 87,000여 명에 달한다. 홀푸드가 아마존의 제국에 포함되면서 미국 유통업계는 큰 파장이 예상되었다. 실제 아마존은 홀푸드를 매개로 다양한 유통 실험을 진행하고 있다. 최근 들어 가장 눈에 띄는 특징은 아마존의 프라임 회원들에게 홀푸드 제품에 대한 할인 혜택을 제공해서 아마존과 홀푸드의 시너지 효과를 내고 있다.

구체적으로 보면, 아마존의 전자상거래 노하우와 홀푸드의 오프라인 유통망을 연결해서 2시간 배송 서비스 도입을 추진하고 있다. 아마존은 홀푸드가 갖고 있는 고객 구매패턴 데이터로 궁극적으로는 식료품 쇼핑 경험을 개인에게 맞출 수 있게 시스템을 구축한다. 이를 통해 식료품과 같은 소모품을 사용하면 아마존은 부족할 시점을 미리 인지하고 정확한 시기에 추가 구매를 유도할 수도 있다. 나아가 아마존은 온라인 식료품 배달서비스 〈아마존프레시〉, 최단시간 배송서비스 〈프라임나우〉 등과 시너지를 낼 수 있는 서비스 전략을 추진하고 있다.

2018년 2월, 아마존은 초인종 회사 링Ring을 인수했다. 비디오 도어벨Video Doorbell로 불리는 링의 초인종은 방문자가 초인종을 누르거나 내장한 모션 센서가 움직임을 감지하면 사용자의 스마트폰으로 알림이 온다. 전용 앱을 실행하면 카메라를 이용한 '라이브 뷰'가 방문자를 동영상으로 확인할 수 있다. 직접 거주하는 집에 있지 않아도 모바일 네트워크를 통해 스마트홈 서비스가 가능해졌다. 아마존의 스마트홈 사업 투자에서 아마존 키key도 빼놓을 수 없는 서비스다. 택배 도난 방지를 위한 서비스로 전용 앱으로 해당 고객에게 허락을 받고 집 안이나 차량 트렁크 등에 보관할 수 있다. 아마존과 고객 간의 상당한 신뢰 관계를 확인할 수 있는 서비스로, 관련 기업에 대한 투자와 인수가 전망된다.

2018년 7월, 온라인 약품 배송 서비스 회사 필팩Pillpack을 10억 달러에 인수했다. 아마존은 2017년부터 〈1492팀〉을 통해 전자의료 기록 및 원격 처방에 대한 기술 개발을 진행하고 있었다. 필팩 인수를 통해 차세대 성장 사업으로 헬스케어 관련 시장 진출을 본격화했다. 필팩이 개발한 자동 포장 시스템은 보험사 요율, 환자와의 상담 기록 등을 통해 상세한 투약 일시와 1회 복용량에 맞춰 포장한다. 아마존은 자사의 최대 강점인 '맞춤형' 서비스를 온라인 약국 사업에도 적용할 수 있게 됐다. 아마존의 헬스케어 관련 투자의 정점은 2019년 3월에 버크셔 해서웨이, JP모건과 공동 설립한 헤이븐Haven이다. 합작의 이유는 현행 미국 의료 체계가 비용은 높고 질은 낮아져서 시민과 경제 전반에 큰 부담을 주고 있다고 판단했기 때문이다. 헤이븐은 정보통신기술과 데이터를 기반으로 100만명에 달하는 3개 회사의 직원 의료 서비스 제공을 1차 목표로 세웠다. 향후 헤이븐 시스템을 일반에 개방할 예정이다.

지속적인 물류 인프라 구축

SCM^{Supply Chain Management}은 기업 내 혹은 기업 간의 다양한 사업 활동을 위한 프로세스와 부문·부서 간 존재하는 벽을 넘어서 수주부터 고객 배송까지 상품 공급의 흐름을 효율적으로 관리하는 것이다.

디지털 환경으로 인해 기업의 수직적 가치사슬은 해체되지만, 다른 한편으로 온라인 사업의 연관 분야로 기업들이 진출하는 수평적 확장 현상은 가속화된다. 이에 따라 기업들은 수평적 확장을 통해 향후 통합된 경쟁력을 바탕으로 지속적인 성장을 추구하고 있다.

초창기 웹을 통한 도서 판매에 치중하던 아마존도 점차 사업 영역을 넓혀 음반, 전자 제품, 소프트웨어, 장난감, 게임 디바이스 등을 판매하고 있을 뿐 아니라 경매, 고객 주문을 처리하기 위한 물류 부문까지 운영하고 있다.

SCM을 수행하는 IT의 핵심은 하드웨어, 소프트웨어, 기본적인 기술의 표준화를 비롯해 다양한 앱 패키지 개발, 지역 간 통신 네트워크 등 광범위하다. IT 시스템의 구축 시에는 데이터 처리량의 증가, 향후 정보 처리 환경 변화에 대한 대응 가능성을 고려해야 하며, 협력 업체와의 공유가 필요한 정보를 분석하고 공유 방안을 모색해야 한다.

SCM을 기반으로 한 지속적인 물류 시스템의 강화가 오늘의 아마존을 만들었다고 해도 과언은 아니다. 기술이 발달하고 물류 기업들의 규모가 거대해짐에 따라 과거에 비해 훨씬 빠른 속도로 상품을 배송할 수 있게 됐으며, 이러한 시장의 변화는 오프라인 매장이 갖는 강점을 무력화시키며 온라인 마켓플레이스가 갖는 한계점을 극복하게 만들었다.

아마존은 유통지원센터 내 도서를 분야별 또는 출판사별로 분류하지 않고 분산 배치했다. 책을 받으러 갈 때에는 호스트 컴퓨터에서 터미널로 정보를 송신해 책의 위치를 파악한다. 책을 납입할 때에는 책의 바코드와 선반의 바코드를 읽어낸 다음 호스트 컴퓨터에 등록한다. 이러한 관리 방법 덕분에 별도로 장르를 구분하는 업무가 대폭 줄어들었다.

온라인 쇼핑몰에서 물건을 주문하고 원하는 곳으로 물건을 배송받는 과정은 고객들에게는 매우 단순하고 간단한 것처럼 보인다.

그러나 주문한 물건이 고객의 손에 들어오기까지는 오프라인 못지않은 복잡하고 번거로운 과정들을 많이 거쳐야 한다. 주문에 대한 지불, 주문 상품의 재고 여부 파악, 상품의 포장 · 배달 · 반송, A/S 등에 이르기까지 고객이 볼 수 없는 이면에는 오프라인과 동일한 프로세스가 존재한다.

온라인 쇼핑이 보편화되면서 알뜰 쇼핑 고객들은 쇼루밍showrooming 형태로 오프라인 매장에 진열된 상품을 직접 확인한 뒤 온라인에서 가격이 저렴한 곳을 찾아 실제로 구매한다.

반대의 경우도 있다. 당장 필요해서 오프라인 매장을 직접 찾아 상품을 바로 손에 쥐는 고객들이 그렇다. 온라인에서 물건을 구매하면 배송 지연이나 착오로 인해 필요한 날 상품을 받지 못할 우려가 있으므로 조금 비싸더라도 오프라인 매장에서 구입하는 경우다.

이런 고객들을 어떻게 찾아내고 차별화해 기업 수익으로 연결시키는가에 대한 유통사들의 고민은 점점 깊어간다.

아마존의 경우, 상품을 주문하는 고객에게 세 가지 배송 방식을 선택할 수 있게 해준다. 같은 상품이라도 고객이 어떤 배송 옵션을 선택하느냐에 따라 가격이 달라진다. 상품이 당장 필요한 고객에게는 신속한 배송을 보장하는 대신 이에 대한 프리미엄으로 가격을 더 받고, 더 싼 가격에 구입을 원하는 고객은 오래 기다리는 대신 저렴하게 상품을 구매할 수 있다.

대형 온라인 쇼핑몰은 상품 배송을 위해 전용 항공기나 트럭을 직접 운용하거나 항공사 또는 물류 기업과 장기 계약을 체결한다. 오늘 주문받은 상품이나 일주일 전에 주문받은 상품이나 같은 물건이고 발송일이 동일하면 배송비에는 차이가 없다. 그만큼 당일 배송은 더 많은 마진을 남길 수 있다. 아마존을 통해 해외 배송을 신청하면, 다음의 세 가지 옵션 중 하나를 선택할 수 있다.

1. 아마존글로벌 표준 배송(평균 영업일 기준 9~14일 소요)
   AmazonGlobal Standard Shipping (averages 9-14 business days)
2. 아마존글로벌 신속 배송(평균 영업일 기준 5~10일 소요)
   AmazonGlobal Expedited Shipping (averages 5-10 business days)
3. 아마존글로벌 우선 배송(평균 영업일 기준 2~4일 소요)
   AmazonGlobal Priority Shipping (averages 2-4 business days)

아마존 배송 전략의 핵심은 같은 상품이라도 고객의 가치에 따라 운영과 가격을 차별화하는 것이다. 고객은 필요한 시간 가치에 돈을 지불하는 측면에서 만족도가 높아지고, 판매자는 수익을 올리는 구조가 유지된다.

아마존은 오프라인 영업점이 없는 관계로 미국 법에 따라 판매세를 내지 않았다. 그만큼 오프라인 유통 기업들에 비해 평균 8~10퍼센트 정도 더 저렴하게 판매할 수 있으므로 가격 경쟁력이 더 우수했다.

그러나 최근 들어 아마존은 내부 정책을 전면적으로 재검토해, 판매세를 내는 한이 있더라도 미국 내에 오프라인 기반의 유통 시스템을 구축하기로 결정했다. 2012년 2사분기의 순이익이 90퍼센트 이상 감소한 것도 바로 유통지원센터 추가 증설이 가장 큰 원인으로 작용했다.

아마존은 이미 시카고, 뉴욕, 시애틀 등 주요 10여 개 도시에 당일 배송 서비스를 선보였다. 연회비 99달러인 프라임 회원이 대상이며 한 건당 3.99달러의 추가 비용만 지불하면 당일 배송을 받을 수 있다. 아마존은 고객 데이터 분석을 통해 주문 빈도와 인구 밀집도가 높은 도시에 최우선적으로 이 서비스를 적용시키고 있다. 특히 로스앤젤레스와 샌프란시스코 지역에만 3년간 5억 달러를 투자해서 열 개 이상의 물류기지를 건설하고 있다.

아마존은 단순한 아이디어 차원에서 프로젝트를 실행하지 않는다. 모든 기획은 중장기적 관점에서의 경쟁 시뮬레이션을 통해 도출된 결론이었다. 아마존은 '당일 배송'이라는 또 하나의 혁신을 추진한 것이다. 오프라인과 온라인 유통 시장의 최대 경쟁자인 월마트walmart와 이베이ebay의 대응 전략도 발 빠르게 진행되고 있다. 이베이의 경우, 타깃target과 월그린스walgreens 등 유명한 오프라인 유통 체인 업체들과 전략적 제휴를 체결하는 등 신속하게 변화에 대비했다.

유통 기업의 비용 구조 특성상 배송비 절감은 영업이익과 직결되는 매우 중요한 요소다. 그만큼 배송비 절감을 위한 노력은 심도 있게 진행됐다. 사업 초기 아마존은 기본적으로 대형 제조업체의 창고에서 직접 포장 및 배송하는 프로세스를 만들었다. 예를 들어 아마존은 세계 최대 생활필수품 제조업체인 프록터앤갬블P&G과 파트너십을 맺고, 아마존 직원들이 P&G의 창고 내 한 구역에서 주문 상품을 포장하고 직접 배송하도록 했다. 아마존과 P&G는 이와 같이 창고를 공유하는 정책을 도입했고 다른 제조업체들과도 파트너십을 확대하고 있다.[5]

'벤더 플렉스Vendor Flex'라고 불리는 이 프로그램은 제조업체-아마존-고객 모두 비용과 시간 측면에서 효과적이다. 상품을 만드는 제조업체는 아마존 창고까지 운반할 필요가 없어 운송비를 절감할 수 있고, 아마존이 자사 상품을 우선적으로 홍보할 수 있어서 매출 증대 효과를 얻게 된다.

아마존으로서는 고객이 주문한 물건이 생산지에서 직접 배송되는 이점을 얻는다. 자사의 창고 공간을 차지하지 않아 고정비용을

5 http://www.wsj.com/articles/SB10001424052702304330904579135840230674458

줄일 수 있으며, 경우에 따라 배송에 들어가는 시간도 단축된다. 이러한 모든 비용 절감 노력이 결국 가격 인하로 이어져 아마존의 고객들은 혜택을 얻을 수 있다.

상품의 종류에 따라 다른 유통지원센터가 설립돼 각 상품은 해당 유통지원센터에서 배송이 이뤄진다. 이에 따라 배송을 더 전문화하면서 작업 조직을 더욱 단순하고 명확하게 할 수 있다. 고객은 아마존 사이트에서 주문을 확인한 후 상품이 유통지원센터에 있는지 여부와 상품의 출고 시각 및 배송 시각 등의 정보를 살펴볼 수 있다. 아마존은 상품 종류에 따라 유통지원센터를 설립하기 때문에 고객은 구매한 여러 가지 상품들을 미국의 여러 지역에 있는 다른 유통지원센터들로부터 배송받는다.

아마존은 주문을 받은 후 먼저 유통지원센터에서 재고 유무를 확인한다. 유통지원센터에 재고 상품이 없으면 공급 업체에 상품의 배송을 요구한다. 그래서 같은 날 주문하더라도 어떤 상품은 즉시 배송 가능하고, 어떤 상품은 배송되기까지 며칠 기다려야 하는 것이다. 아마존은 고객의 배송 대기 시간을 줄이기 위해 재고가 있는 상품과 재고가 없는 상품을 분리해 주문할 수 있게 프로세스를 만들었다. 이에 따라 직원들은 주문 고객이 다르지만 종류가 같은 상품을 하나의 화물차로 운송할 수 있다. 결국 고객의 주문 후 배송 대기 시간이 감소하며 운송 효율도 향상된다. 도서 상품인 경우, 기본적인 아마존의 유통지원센터 구역별 프로세스는 다음과 같다.

1. 도착 구역Arrive area: 도매상이나 출판사에서 보낸 책을 받아 제반 도서정보를 입력하면서 재고와 서가 위치를 구분한다.
2. 보관 구역Stock area: 한 서가당 한 종으로 보관하고 고유 코드로 구분한다.
3. 적재 구역Pick-up area: 주문과 동시에 해당 상품의 위치정보가 기입된 장표가 자동 출력되고 각 선반에는 불빛이 자동으로 표시된다.
4. 선별 구역Sorting area: 각 주문일자별로 구분된 카트에 이동되고 주문자별 고유 코드에 맞춰서 상품이 선별된다.
5. 포장 구역Packing area: 주문자별로 최종 선별된 상품들을 주문 배송장 등과 함께 배송 박스에 담고 라벨을 부착한다.
6. 발송 구역Departure area: 배송지별로 구분된 후 UPS, 페덱스 등 물류업체의 배송차량이나 비행기에 실려 고객에게 발송된다.

아마존 유통지원센터의 역사에서 1996년과 1997년은 가장 빠른 성장세를 나타낸 시기였다. 우수한 서비스 수준을 유지하면서 배송과 판매 증대를 지원하기 위해 아마존은 기반 시설과 시스템을 확충했다. 물류 인프라 확충을 기반으로 1998년 6월에는 음악 부문, 1998년 11월에는 비디오와 DVD 부문으로 사업 영역을 확장했다. 아마존은 새로운 분야에서도 서적과 동일한 구매 모델을 채택해 음악, 영화, DVD 도매상들과의 협력 관계를 강화했다.

1998년 말에는 바이닷컴buy.com과 같은 강력한 상대와 경쟁하기 시작했다. 반스앤노블, 씨디나우CDnow 같은 기업들은 아마존과 비슷한 전략을 선택했다. 온라인 커머스의 선두 자리를 유지하기 위해 아마존은 고객당 수익률을 높이는 데 주력했다. 또한 빠르게 판매 상품군을 확장했고, 사업 확장 지원과 빠른 성장을 위해 공급 체인과 유통 네트워크를 직접 관리하기 시작했다.

1999년 말부터 아마존은 성격이 다른 상품들에 등급을 매기기 시작했다. 예를 들어 부피가 큰 품목과 작은 품목으로 나눴다. 또한 좁은 지역에서만 수요가 있는 품목과 특정 계절에만 수요가 있는 품목, 1년 내내 일정한 수요 패턴을 보이는 품목 등 여러 기준으로 분류했다. 당시 아마존 경영진은 제각기 다른 상품 분야를 위한 특별한 유통 시설을 만들기보다는 각각의 유통지원센터에서 모든 상품을 다루기로 결정했다.

부피가 큰 상품은 작은 상품과 같이 배송되는 일이 거의 없기 때문에 이 결정은 매우 상식적인 일이었다. 예를 들어 바비큐 그릴과 CD는 항상 두 개로 나뉘어 배송된다. 아마존 운영 팀은 창고에 가장 최신 장비들을 설치하기로 결정하고, 각 유통지원센터에 픽업투라이트pick up to light 시스템을 도입했다.

이 시스템은 작업자들로 하여금 다음에 어떤 상품들을 처리해야 하는지, 얼마나 많은 상품을 처리해야 하는지에 대해 순차적으로 알려준다. 각 유통지원센터는 라디오 주파수 기술을 이용해 작업자의 단말기에 창고 위치를 전송해주는 시스템도 갖췄다. 업무 효율 측면에서 상당한 개선을 이룬 것이었다.

아마존은 컴퓨터를 통해 작업자들에게 직접 대화로 지시할 수 있는 음성 기술도 도입했다. 유통지원센터는 빨리 판매 소진되는 품목들에 대한 크기, 속도, 지역 선택 비율, 선택 구역, 선택과 저장 패턴 등을 기반으로 선택분석표를 도입했다. 이 표는 직원들이 고객 주문에 대한 선택과 배송의 최적 조합을 만들어내는 데 사용됐다.

하지만 직원들이 정확한 위치에 품목을 가져다 놓는지 확인하는 프로세스는 없었다. 이를 개선하고자 아마존은 DMAIC Define, Measure, Analyze, Improve, Control 라는 고객 주문 처리 감시 시스템을 구축해 작업자들의 실수를 줄이게 했다. 아마존은 배송 비용을 줄이기 위해 포스탈 인젝션 postal injection 또는 제로 스키핑 zero-skipping 이라 불리는 방법을 개발했다.

제로 스키핑은 주문품을 가득 채운 트럭이 유통지원센터에서 주요 도시까지 허브를 거치지 않고 바로 가는 것을 의미하며, 포스탈 인젝션은 프로세스상의 단계를 없애고 미국 우체국 서비스 또는 UPS를 이용하는 것이다.

아마존은 포스탈 인젝션을 활용함으로써 5~17퍼센트의 배송 비용을 절감하는 효과를 거둘 수 있었다. 아마존은 이와 같이 배송 정책을 변경해 얻은 수익으로, 2001년 7월 정가 20달러 이상 도서에 대해 30퍼센트 할인 판매를 전격 실시했다.

지속적으로 구매 물류 프로세스를 개선하고 자동화 시스템을 확충한 아마존은 로봇에도 투자했다. 2012년 3월 아마존은 로봇으로 고객 주문 처리 과정을 전자동화한 기업인 키바시스템즈 Kiva Systems

를 인수했다. 고객 주문 처리 과정을 더욱 효율화하기 위한 투자의 일환이었던 만큼, 아마존은 기업 인수 과정에서 적극적인 의지를 드러냈다.

아마존을 비롯한 대형 온라인 유통업체들은 주문량이 폭주하는 피크타임에 대비해 상당히 큰 규모의 물류센터를 필요로 한다. 일반적으로 물류센터에서 물건을 싣고 옮기고 포장하는 데 많은 인력과 비용이 투입된다. 여름 특수를 노리는 산업이라면 여름철에 대비해 물류센터의 규모를 키워야 하지만, 겨울에는 그만큼 효율이 떨어지는 위험을 감수해야 했다.

키바시스템즈의 로봇 운영

하지만 물류 로봇을 이용하는 경우에는 창고에 적재하는 상품

수량에 대해 유동성을 가질 수 있으므로 그만큼 창고 이용에 대한 효율성이 높아질 수 있다. 물류 자동화 로봇 시스템이 온라인 커머스에 많이 이용되는 이유는 고객들이 온라인을 통해 상품을 선택하자마자 물류 로봇이 알아서 상품에 대한 주문 배송 프로세스를 처리하기 때문이다. 시간과 비용을 최대한 줄이기 위한 노력이며, 초기 투자비는 많이 들지만 중장기적으로 매우 효율적인 선택이다.

키바시스템즈의 로봇이 아마존 물류센터에 투입된 이후 내부 물류 운영비의 20퍼센트가 절감됐고, 단기 대량 주문 대응력도 상당히 높아졌다는 분석이다. 향후 모든 유통지원센터에 로봇 작업 시스템이 도입되면 인건비 절감, 재고관리, 주문 처리에 있어 대대적인 혁신과 효율 개선이 이뤄질 것으로 기대된다.

2013년 11월 아마존은 미국 우체국과 손잡고 '일요일 배달 서비스'를 시작했다. 이번 제휴를 통해 아마존의 고객들은 각종 상품을 구매한 뒤 일요일에도 구입한 물건을 받을 수 있게 됐다. 한편 2012년 160억 달러의 적자를 기록했던 미국 우체국은 아마존과의 제휴로 수익 개선에 도움이 될 만한 수수료 확보가 가능해졌다.

미국 우체국과의 협력은 정부 및 공공 기관을 대상으로 하는 아마존의 협력 전략을 잘 보여주는 사례다. 아마존은 주 정부들과의 합의를 통해 일시적인 세금 우대를 받았으며, 판매세에 대한 면제 혜택을 포기하고 모든 곳에 유통지원센터를 짓고 있다. 그 다수는 대도시와 인접해 상품을 고객 가까이에 둠에 따라 배송비가 감소하므로 판매세로 판매 가격이 약간 올라가도 부담이 크지 않다. 게다가 새로 만든 유통지원센터로 인해 배송도 훨씬 빨라져 일부 도시에서는 당일 배송도 가능해졌다.

아마존은 경쟁 업체보다 훨씬 많은 투자를 단행하면서 고객의 만족도를 최고로 올리는 서비스를 제공한다. 이렇게 높은 수준의 서비스 때문에 경쟁 업체들은 아마존만큼 투자해야 하는 압박을 받는다. 경영난을 겪고 있는 우체국을 지원해서 페덱스, UPS와의 경쟁을 유지하는 것이다.

아마존이 노리는 더 큰 목표는 배송 업체들을 아마존의 커머스 플랫폼으로 흡수하는 것이다. 기업들이 고객에게 물건을 보낼 때 UPS나 페덱스가 아닌 아마존을 떠올리게 만드는 전략이다. 아마존에서 팔고 있는 상품 중 다수는 아마존이 직접 파는 물건이 아니다. 아마존과 판매, 보관, 포장, 배송 계약을 맺은 다른 기업들이 제3자 판매 모델로 운영한다. 규모가 작은 업체들은 여러 분야의 기업들과 각각 계약을 맺는 대신 아마존에게 모든 것을 맡기면 된다.

이러한 형태를 '풀필먼트 바이 아마존FBA, Fulfillment by Amazon'이라고 한다. 2014년 기준으로 FBA에 가입한 협력사 상점의 71퍼센트가 가입 전보다 판매량이 20퍼센트 이상 증가했다. FBA는 아마존이 보유한 전 세계 100여 개의 유통지원센터와 연결돼 원활하게 이용할 수 있으며, 판매자가 물류에 대한 걱정 없이 상품 카테고리 확장과 기업의 성장에 초점을 맞출 수 있게 종합적으로 지원한다.

현재 FBA에 가입한 협력사는 200만 개 이상으로, 처음 시작했던 2006년 대비 두 배 이상 증가했다. 대부분의 판매자들은 매출액의 평균 8~15퍼센트 정도를 수수료로 아마존에 지불하고 있다. 아마존은 자체 상품을 파는 것보다 제3업체의 상품을 팔면서 더 많은 수익을 올릴 수 있으며, 이미 만들어놓은 플랫폼을 이용하기 때문에 제반 비용도 적게 든다.

이러한 사업 구조는 아마존에 집중되는 생태계 기반을 만들었다. 제3업체 상품이 아마존 사이트에서 선택의 범위를 넓혀주고, 이 덕분에 더 많은 고객들이 방문한다. 모든 것은 매출 상승과 직결된다. 아마존으로 더 많은 제3자 제휴사들이 몰려들게 되고, 이와 동시에 아마존은 더 많은 제3업체와 고객들을 확보할수록 전문 배송업체에 더 많은 영향력을 가질 수 있다. 또한 자체 인프라 구축에 들어가는 비용이 줄어들고 매출을 더욱 상승시킬 수 있다.

2013년 12월 아마존은 과거 고객 주문 정보를 기반으로 구매가 예상되는 상품을 각 지역 허브로 미리 배송시키는 특허를 출원했다. 이 시스템은 예상 배송anticipatory shipping 모델로 고객의 예상 소비 패턴을 미리 분석해 실제 배송 기간을 줄일 수 있다.

아마존은 예측 출하를 통해 상품 배달을 수도나 전기를 가정에 공급하는 공공 사업처럼 확장시키려고 한다. 수요 급증과 감소를 미리 예측하고 물류를 조정하지만, 무엇보다 항상 상품은 이동하고 있다. 아마존의 배송 트럭이 항상 상품을 가득 싣고 주요 거점 지역 주변을 수시로 돌아다니는 것이다.

물론 수요 예측 알고리즘은 실패할 가능성이 높다. 아마존은 이런 실패에 신경 쓰지 않는다. 만약 고객이 아직 상품을 구매하지는 않았더라도 해당 상품에 대해 호감을 가질 수 있다고 판단되면, 마케팅 효과를 위해 깜짝 선물로 무상 제공한다. 반송과 경로 변경에 따른 비용을 부담하는 대신에 예비 고객에게 상품을 무상으로 제공하는 것이 효율적이라는 판단에서다. 예상 배송은 빅데이터와 큐레이션curation, 물류 인프라의 힘이 결합된 신개념의 주문 배송 서비스 모델이다.

아마존은 이제 화물수송기를 빌려서 직접 운영할 태세다. 외부 업체를 통해 발생하는 고객 불만에 따른 리스크를 더 이상 두고 볼 수 없다고 판단한 것이다. 이제 아마존은 도어투도어door to door 형태로 유통의 전 과정을 책임지겠다는 의지를 내비치고 있으며, 지속적인 유통지원센터 확충과 전문 인력 채용, 예측, 드론 배송 추진 등 물류시스템의 혁신을 주도하고 있다.

2014년 기준으로 아마존은 배송에 87억 달러 이상의 비용을 지불했는데, 전년의 66억 달러보다 크게 증가한 금액이다. 아마존의 물류 관련 비용은 가장 빠르게 증가하는 경비 중 하나로, 2014년 3분기 기준으로 수익의 약 11.7퍼센트를 차지할 정도다.

아마존의 배송 비용이 커지고 있는 것은 프라임 회원 고객이 증가하고 있기 때문이다. 아마존은 더 많은 프라임 고객에게 빠른 배송을 제공한다. 2014년 초 약 2,000만 명 수준이었던 미국의 아마존 프라임 회원은 2015년 말 기준 약 5,400만 명에 달하며, 이는 미국 전체 성인 인구의 약 21퍼센트 수준이다. 보편적으로 한 가정에서 하나의 프라임 멤버십만 사용한다고 보면, 미국 전체 가정의 46

퍼센트가 프라임 멤버십을 사용하는 것이다. 아마존은 프라임 고객 리텐션Customer Retention을 높이기 위해 일반 상품과 콘텐츠 분야에서 매력적인 서비스 혜택을 강화하고 있다.[6]

아마존은 물류 경쟁력 확보를 위해 미국 내에 66개의 유통지원 센터를 구축하고, 해외 물류 거점을 늘리고 있다. 아마존은 독보적인 글로벌 물류 네트워크를 목표로 '드래곤 보트Dragon Boat'라는 프로젝트를 진행하고 있다. 2016년 아마존은 '글로벌 서플라이체인 바이 아마존Global Supply Chain by Amazon'이라는 이름의 물류 전문 벤처를 출범시켰다.

이 전문 벤처는 단순 배달을 넘어 판매업자들이 필요로 하는 화물 처리, 국경 간 거래 관련 문서 작업 등 전 방위 업무를 총괄하는 아마존의 물류 중심 기업으로 역할을 할 예정이다. 아마존은 이를 통해 자사 온라인 매장의 상인들이 온라인이나 스마트폰으로 이용할 수 있는 '원클릭 운송1-Click shipping' 서비스를 제공할 계획이다.

롱테일 법칙과 신규 서비스 발굴

2004년 1월 크리스 앤더슨은 디지털 주크박스 업체 이캐스트e-Cast의 대표인 로비 반아디베로부터 자사가 보유한 1만 종의 앨범 중

6 http://www.usatoday.com/story/tech/news/2016/01/25/amazon-prime-54-million-one-in-five-prime-grew-35-2015/79306470/

분기당 한 곡이라도 팔린 앨범이 98퍼센트에 달한다는 인상적인 사실을 전해 들었다. 이를 계기로 앤더슨은 이전에 무시됐던 비주류 혹은 틈새 상품들이 기대 이상의 효과를 창출해내고 있다고 분석했다. 그는 이캐스트의 판매 현황을 수요곡선으로 그려봤다. 분포곡선의 꼬리 부분이 머리 부분보다 상대적으로 매우 길게 나타나는 것에 주목해 롱테일Long Tail이라는 개념을 착안했다.

롱테일 법칙이란 각 매출액은 작지만 이들을 모두 합하면 히트 상품 못지않은 매출을 올릴 수 있는 틈새 상품의 영역이 존재한다는 것을 의미하는 용어다. 따라서 이 법칙은 지금까지의 경제가 수백만 개씩 팔릴 상품을 개발하려는 기업들, 즉 숏헤드Short Head의 사고방식으로 주도됐다는 사실을 일깨우는 역할을 한다.

하지만 앞으로는 기존 패러다임에서 사소한 것으로 간주됐던 나머지 80퍼센트, 즉 꼬리 부분이 점점 더 중요해진다. 개인의 취향이 최우선의 가치로 여겨지는 현대 사회에서 베스트셀러 위주의 판매 형태는 이미 힘을 잃어가고 있다. 그 사업 증거가 웹2.0 시대의 소비 형태인 롱테일 현상으로 나타났다. 아마존은 추천 시스템을 통해 롱테일에 걸쳐 있는 우수한 상품을 전면으로 끌어내어 롱테일 시장을 개척했다.

고객들은 온라인을 통해 열린 공간에서 검색이라는 수단을 통해 과거 책방 구석에 쌓여 있던 수많은 책들에 대한 정보를 쉽게 얻을 수 있게 됐다. 온라인에서는 상품 진열이라는 개념이 존재하지 않기 때문에 대다수의 상품이 높은 접근성을 가지게 됐다. 물류 시스템이 발달함에 따라 찾은 상품을 주문했을 때 배송되는 속도도 빨라졌다. 이를 통해 오프라인 매장의 강점인 즉시 구입 가능성에 좀 더 가까이 다가서며 온라인 채널이 갖는 단점을 극복할 수 있게 됐다.

이러한 시장 환경의 변화는 새로운 니치niche 마켓을 탄생시켰다. 지금까지 사업에서 중요하게 평가되지 않았던 하위 80퍼센트의 상품을 가상으로 진열할 수 있게 됐고, 그들은 상대적으로 향상된 접근성에 의해 더욱 많이 팔려나갔다.

물론 모든 온라인 서점이 롱테일 효과를 볼 수 있는 것은 아니다. 기본적으로 롱테일에 해당하는 모든 종류의 책을 찾을 수 있는 환경이 필요하다. 이 부분에서 아마존의 방대한 책 정보 데이터베이스는 큰 역할을 한다. 더 중요한 것은 롱테일에 해당하는 책까지 접근할 수 있는 통로를 마련해주는 것이며, 앞에서 기술한 아마존의 추천 시스템이 결정적인 역할을 했다.

아마존은 B2B 전용 마켓플레이스인 아마존 비즈니스amazon business를 운영한다. PC · 프린터 등의 사무기기, 종이컵이나 A4 용지, 포스트잇 등의 소모성 자재 구매 대행MRO, Maintenance, Repair and Operations까지 제공하면서 기존 도매상권에 큰 위협이 되고 있다. 2012년 처음 선보인 이전 모델 격인 '아마존 서플라이'보다 취급 품목이 훨씬 많고 다양하다. 집에서 아마존을 이용해 필요한 상품을 싸게 사던 것과 마찬가지로, 쉽고 편한 방식의 온라인 커머스를

이제는 사무실에서도 즐길 수 있게 됐다.[7]

B2B Business-to-Business 시장 진입을 계기로 아마존이 노리는 것은 한해 약 7조 4,000억 달러에 달하는 미국 도매시장이다. 이 중에서 약 2조 달러 가량이 온라인으로 거래되는 B2B 시장이다. 아마존은 B2C Business-to-Customer 분야에서 이미 확보한 온라인 커머스 업계의 주도권을 기반으로 B2B까지 석권하고 있다.

2014년 8월 아마존은 동네 음식점이나 가게 등 소규모 사업체들에 카드 리더와 앱을 보급해 신용카드 결제를 할 수 있게 하는 모바일 결제 시스템인 아마존 로컬 레지스터Local register를 선보였다. 로컬 레지스터 계정을 만들고 아마존이 만든 카드 리더를 10달러에 구입한 후 모바일 앱을 다운로드하면 매장에서 신용카드 결제를 할 수 있다. 이 모바일 앱은 대부분의 스마트폰과 태블릿에서 작동하며, 아마존의 '킨들 파이어' 태블릿으로도 이용할 수 있다.[8]

소셜 커머스 진출의 명암

2005년 야후에 의해 처음 소개된 소셜 커머스Social Commerce는 소셜 네트워크와 온라인 미디어를 활용하는 온라인 커머스의 일종으로, 상품이나 서비스의 판매를 목적으로 SNS를 활용하는 것을 말한다.

7 https://www.amazon.com/b?node=11261610011
8 https://techcrunch.com/2014/08/13/amazon-local-register/

소셜 커머스의 종류는 소셜 링크형, 소셜 웹형, 공동구매형, 오프라인 연동형 등 네 가지로 분류할 수 있다.

가장 주목해야 할 것은 바로 공동구매형 소셜 커머스다. 공동구매형 소셜 커머스란 특정 상품에 대해 일정 규모 이상의 구매자가 모이면 할인해주는 판매 형태를 말하며, 트위터와 페이스북 등 SNS에 기반을 두고 재화나 서비스를 할인된 가격에 이용할 수 있는 방식의 온라인 커머스다.

2008년 그루폰Groupon이 설립된 이후 전 세계적으로 공동구매형 소셜 커머스 붐이 일어났으며, 우리나라에서도 이러한 공동구매 형식의 소셜 커머스 열풍이 이어졌다. 모바일은 사용자의 실시간 상황 정보를 구체적으로 파악하는 기반이 되고 있다. 모바일과 연계된 스마트 사업은 이제 고객의 특성을 시스템이 스스로 인지하고 적절한 가격을 지속적으로 제시하는 서비스를 제공하는 기반이 될 것이다.

수많은 고객들의 매 순간 변화하는 모든 상황 정보를 사람이 일일이 파악하고 대응할 수는 없다. 최적화된 알고리즘과 실시간 분석 시스템을 통해 어느 위치, 어느 시점, 어떤 심리 상태에서 어떤 상품과 어떤 거래 방식, 마지막으로 어느 정도의 가격을 원하는지 분석하는 일이 스마트 환경에서 가능해졌다. 소셜 커머스는 별도의 마케팅 비용을 들이지 않아도 사이트의 트래픽 증가로 인해 많은 고객에게 브랜드를 알릴 수 있으며 이를 통해 구매 가능성까지 높인다.

고객들이 소셜 네트워크에 남긴 커머스 사이트의 링크는 반영구적으로 보존된다. 따라서 검색을 수행한 사람이나 새로 추가된 친구가 이 링크를 통해 지속적으로 방문하게 된다. 이 페이지를 본 사람들이 많아지기 때문에 이는 구매에도 영향을 미친다. 특히 구매 결정에서는 친구와 지인들의 추천이 전문가보다도 훨씬 큰 영향력을 발휘한다. SNS는 친구들에 의한 추천 방식으로 상품을 홍보해주기 때문에 구매 가능성 또한 높아진다.

페이스북은 가입 회원을 기반으로 소셜 커머스인 페이스북 딜즈Facebook Deals를 제공하고 있다. 페이스북 딜즈는 구체적으로 페이스북 플레이스에 등록된 매장에서 개인 거래, 친구 거래, 충성 거래, 자선 거래로 구분된 네 가지 거래 방식을 통해 고객에게 보상이나 혜택을 제공하는 서비스다.

개인 거래Individual Deal는 페이스북 플레이스에 체크인만 하면 보상이나 할인을 받을 수 있는 서비스며, 친구 거래Friend Deal는 단체로 많이 오는 경우에 혜택을 주는 서비스 방식이다. 충성 거래Loyalty Deal는 반복적으로 방문하는 고객들에게 특별한 혜택을 주고, 자선 거래Charity Deal는 업체가 고객을 대신해 기부하는 서비스 방식이다.[9]

페이스북 딜즈는 세계 최대 소셜 네트워크 서비스인 페이스북의 브랜드를 제대로 활용하고 있다. 페이스북 사용자는 여러 명의 온라인 친구들과 엮여 있다. 일반적인 소셜 커머스가 불특정 다수 중에서 일부를 거래 집단으로 보는 것과 달리, 페이스북 딜즈는 온라

9 '소셜 커머스 글로벌 사업자 동향', 정보통신정책연구원, 2011년 2월

인 네트워크를 거래 집단으로 활용한다. 따라서 페이스북이 수십억 명에 이르는 사용자의 개인정보, 지인 네트워크 등의 고급 정보를 활용하게 된다면 그 파급력은 상당히 클 것이다.

특히 다른 기업들이 갖지 못한 온라인 소셜 네트워크 정보를 활용할 수 있으며, 경쟁자가 갖지 못한 차별화된 속성을 통해 훨씬 더 최적화된 거래 방식과 가격을 제안할 수도 있다. 페이스북 딜즈는 기존의 소셜 커머스 기업과 같은 외부 역량을 활용해 사업을 확장하고 있다. 공동구매를 통해 기존 상품과 서비스를 큰 폭으로 할인받아 구입할 수 있는 소셜 커머스는 고객에게 분명한 장점이 되고, 소규모 업체에게도 추가적인 매출 기회를 제공해줄 수 있다.

소셜 커머스의 형태는 소셜 네트워크를 더욱 적극적으로 활용하는 방식으로 진화하고 있다. 글로벌 기업들의 진출이 늘어나면서 스타트업들도 속속 진출했으며, 페이스북 기반의 커머스 사업은 더욱 확산되고 있다.

2011년 4월 구글은 오퍼스Offers라는 서비스를 선보였다. 그루폰의 인수에 실패한 뒤 새롭게 선보인 서비스로, 구글이 가진 맵(지도 서비스), 래티튜드(실시간 위치 추적 서비스), 플레이스(지역 및 상거래 정보 서비스) 등 막강한 위치정보 및 데이터베이스, 검색 서비스를 기반으로 사용자 개인에 맞춤화된 거래 서비스를 제공하는 것이 목표다. 구글 오퍼스는 지메일Gmail 계정을 기반으로 사용자에게 적당한 장소를 스스로 찾아내는 등 차별화된 스마트 서비스를 시도하고 있다.

이렇게 페이스북과 구글은 기존 공동구매 형식의 단순한 소셜 커머스에서 벗어나 막대한 사용자 네트워크와 상호 연결 및 관계, 그리고 사용자의 행동 데이터 등을 활용해 개인마다 차별화된 상거래 정보를 제공한다.

아마존은 2011년 7월 소셜 커머스 업계의 선두 주자 그루폰의 본거지인 시카고에서 매일 다른 품목을 50퍼센트 이상 할인 판매하는 아마존 로컬Amazon Local 서비스를 시작했다. 아마존은 2010년 12월 미국 내 2위의 소셜 커머스 기업인 리빙소셜LivingSocial에 1억 7,500만 달러를 투자했으며, 아마존 로컬은 바로 이 리빙소셜의 시스템을 이용했다.

아마존은 고객들이 아마존 로컬을 이용해 거주 지역에서 좋은 거래를 찾아낼 수 있게 했으며, 이를 통해 고객들이 아마존의 구매 시스템을 잘 알고 신뢰하도록 서비스를 운영 중이다. 현재 시카고와 보이시를 비롯해 워싱턴 주 네 개 도시, 캘리포니아 주 일곱 개 도시, 플로리다 주 한 개 도시에서 아마존 로컬 거래가 개설됐다.[10]

아마존은 킨들 전자책을 할인 판매하는 킨들 데일리 딜Kindle Daily Deal 서비스를 2011년 8월 공개했다. 더불어 공동구매 사이트인 아마존 로컬의 서비스 지역을 확대했다. 킨들 데일리 딜은 아마존이 판매하는 전자책을 하루에 한 권씩 파격적인 할인가에 제공하는 서비스다. 킨들 데일리 딜의 첫 책은 케이트 디까밀로의 소설 『Miraculous Journey of Edward Tulane』(『에드워드 툴레인의 신기

10 '아마존, 소셜 커머스 본격화', 한국일보, 2011년 7월 31일

한 여행』이라는 제목으로 2009년 번역서가 출간됐다.)이었다. 이 책은 원래 판매가인 5.99달러에서 75퍼센트를 할인해 1.39달러에 판매됐다. 매일 올라오는 킨들 데일리 딜의 할인 정보는 킨들 뉴스레터를 구독하거나 트위터, 페이스북을 사용해 확인할 수 있었다.

아마존이 공동구매 할인 사이트를 갑자기 시작한 것은 아니다. 2010년 6월 아마존은 공동구매 할인 사이트 우트Woot를 인수하면서 본격적인 준비를 시작했다. 우트는 지역 상권 내의 상품뿐만 아니라 공산품도 할인해서 하루에 한 개의 아이템에 주력한다. 또한 아마존 로컬을 출시하기 전에는 리빙소셜을 통해 공동구매 할인의 효과를 측정했다.

예를 들어 자사의 20달러짜리 기프트 카드를 50퍼센트 할인해서 하루 만에 120여만 장을 판매했다면, 하루에 약 1,200만 달러를 벌어들인 셈이다. 아마존은 안드로이드 앱스토어에서 매일 유료 앱을 하나씩 무료로 제공하고 있는데 이에 대한 이용자들의 반응도 뜨겁다.

2010년 7월에는 사용자들의 페이스북과 아마존 계정을 통합하는 서비스를 시행했다. 이로 인해 아마존의 고객들은 소셜 네트워크와 연결해 자신의 페이스북 전자책 프로필 정보를 토대로 상품을 추천받을 수 있게 됐다. 통합된 계정은 사용자들에게 친구들이 좋아하는 책, 영화, 가수들에 대한 정보를 알려주고, 친구들의 생일도 상기시켜주며 좋아할 만한 선물도 추천해준다.

하지만 아마존은 30퍼센트 이상의 지분을 가지고 있던 리빙소셜이 2012년에 6억 5,000만 달러의 순손실액을 기록했다. 이는 2011년의 4억 9,900만 달러에 비해 30퍼센트 증가한 규모다. 결국 2015년 12월 오프라인 상점에 있는 상품이나 서비스를 50퍼센트 이상 할인해 판매하는 아마존 로컬Amazon Local은 중단됐다. 리빙소셜이나 그루폰 등 한때 아마존 로컬과 같은 서비스로 관심을 끌었던 소셜 커머스 회사들이 부진에 빠져 있는 것을 감안하면 아마존의 결정은 놀라울 게 없다는 평가다.

고객의 리뷰, 평가, 순위 선정으로 가장 유명한 온라인 유통 기업은 단연 아마존이다. 아마존은 정교한 협업 필터링 소프트웨어를 사용해 고객에게 유용한 정보를 제공한다. 비슷한 취향을 지닌 고객들을 연결하는 아이템 기반의 추천 시스템을 통해서다. 이런 추천 시스템은 구매를 촉진하는 클릭 및 전환 비율을 대폭 향상시켜 효과적으로 수익을 창출할 수 있다.

페이스북 회원이 자신의 프로필에 아마존 기버amazon giver 앱을 추가하면 온라인 친구들의 아마존 위시리스트를 볼 수 있다. 아마존과 페이스북의 제휴는 추천 시스템을 강화해 구매를 유도하고 수수료 및 솔루션 판매에 따른 수익을 증가시키고자 이뤄졌다.

페이스북의 관점에서 보면, 제휴를 통해 아마존의 팬 페이지를 개설하고 아마존의 결제 및 카트 기능을 활용할 수 있게 지원할 수 있다. 팬 페이지 개설과 광고 이벤트 등을 통해 발생하는 수수료도 있다. 아마존은 관심사 중심으로 연결된 기존의 방식보다 더 밀착된 페이스북 네트워크를 활용할 수 있다.

아마존은 트위터와의 제휴 서비스도 운영하고 있다. 트위터 사용자들은 트위터를 통해 편리하게 아마존 상품을 구매할 수 있으며, 트위터는 광고 외에 새로운 수입원을 찾을 수 있게 됐다. 제휴에 따라 트위터 사용자들은 아마존카트AmazonCart 또는 아마존위시리스트AmazonWishList라는 해시 태그hash tag를 추가함으로써 아마존 계정과 트위터 계정을 연결시키고 이를 통해 트위터를 사용하면서 아마존의 온라인 쇼핑을 이용할 수 있다.[11]

진화하는 아시아 지역 전략

아마존이 미국 외에 진출한 국가 중 최근 가장 많은 관심과 투자를 단행하고 있는 지역은 아시아다. 이미 아마존은 일본, 중국, 인도에서 초기 커머스 사업을 중심으로 비즈니스를 시작한 후 콘텐츠, AWS 사업으로 영역을 확장했다. 아마존은 2000년 아시아 최초로 일본에서 아마존재팬을 설립하고, 이후 프라임 회원제, 프라임 비디오, 당일 배송 등의 서비스를 시행하면서 토종 기업인 라쿠텐Rakuten, 야후재팬 등과 치열한 경쟁을 펼치고 있다. 최근에는 소비자 취향에 맞는 상품 개발을 무기로 이용자 수에서 라쿠텐을 넘어섰다.

2016년 6월, 아마존은 일본 제품을 원하는 중국인들을 위해 아마존재팬 사이트 내에 중국 간체자로 작성된 서비스를 시작했다.

11 https://www.amazon.com/gp/socialmedia/amazoncart

중국 고객들은 배송 및 세관 통과 절차, 비용 등을 상세하게 확인하고 위안화로 결제할 수도 있다. 최근 오염된 분유 사건 등 인터넷상의 가짜 제품에 질린 중국인들이 확실한 일본 제품을 사기 위해 아마존재팬을 찾는 경우가 늘어남에 따라 8월에는 월 980엔의 '킨들 언리미티드Kindle Unlimited'를 시작했다. 이 서비스는 총 12만 권의 소설, 만화, 잡지 등과 외국 서적 120만 권을 갖춰 일본 내 서비스로는 최대 규모를 자랑한다.

2004년부터 중국에 진출한 아마존은 세계 1위의 온라인 유통 기업이라는 수식어가 무색하게 10년 넘게 중국에서 그다지 영향력을 발휘하지 못하고 있다. 오히려 지금까지 알리바바, JD닷컴 등 토종 기업들의 성장만 바라보는 입장이었다. 중국의 특수성을 적용한 현지화 전략 없이 다른 나라에서의 성공 경험을 그대로 가져왔기 때문이었다. 반전을 노리기 위해 아마존은 해외 직접 구매 서비스를 대상으로 적극적인 시장 개척에 나섰다. 대량 구매 방식을 통해 중국 구매자들의 흥미를 끌 수 있는 각종 상품을 중국으로 수입하고, 중국에 구축한 물류 시스템을 통해 효율적인 배송이 가능하도록 만든 것이다.

또한 아마존은 최근 중국에서 시장점유율을 높이기 위해 오프라인 대형 유통업체인 궈메이GOME와 협력키로 해 눈길을 끌었다. 궈메이는 수닝과 함께 중국 오프라인 가전 유통 시장을 양분하는 대형 업체다. 이번 협력으로 소비자들은 아마존 온라인 마켓에서도 더 쉽게 상품을 구매할 수 있고 더욱 고품질의 가전 제품과 패키지 서비스를 효과적으로 선택할 수 있게 됐다. 궈메이 공식 플래그샵과 아마존차이나는 아마존이 자랑하는 양질의 고객 자원과 플랫폼적 우위를 결합해 소비자들이 오프라인 가전 제품을 더 빠르고 쉽게 구매할 수 있도록 지원할 계획이다.[12]

아마존 인도는 2012년 2월 정글리닷컴Junglee.com이라는 가격 비교 웹사이트를 오픈했지만 직접 판매는 하지 않았다. 2013년 6월부터 본격적인 서비스를 시작한 아마존 인도는 우선 도서 700만 권과 1만 2,000편의 영화 및 TV 방송물부터 판매했다. 이후 아마존 인도는 음반, DVD, 휴대폰, 디지털 카메라, 전자 제품 등으로 카테고리를 확장시킬 계획을 갖고 있다. 현행 법규상 아마존 인도는 직접 재고를 보유해 판매할 수 없다. 아마존이 고객으로부터 주문을 받으면 제3자인 판매자에게 상품을 받아서 아마존이 발송하는 시스템이다. 또한 아마존 인도는 오픈마켓 서비스도 병행하고 있다.

아마존은 2014년부터 꾸준히 인도에 투자하고 있으며, 2016년 6월에는 약 30억 달러의 추가 투자를 결정했다. 제프 베조스는 인도 경제의 거대한 가능성에 주목하면서 AWS 클라우드를 구축하고, 미국 외 지역에서 가장 큰 소프트웨어 엔지니어링 개발센터를 인도에 설립할 예정이다. 아마존은 인도의 온라인 유통시장이 급성장하는 점에 주목하고 있다. 중산층이 늘어나면서 스마트폰과 컴퓨터를 통한 전자상거래도 그만큼 증가하고 있다.

12 http://www.ittoday.co.kr/news/articleView.html?idxno=69807

현재 아마존은 인도의 지역적 특색을 고려한 전략을 추진하고 있다. 중국과 다르게 지역적 특성에 맞는 사업을 찾기 위해 과감하게 투자하고 있는 것이다. 아마존이 인수한 인도 결제 서비스 업체 엠밴티지Emvantage는 2012년부터 온라인 및 모바일 결제 서비스를 제공해왔다. 현금 사용에 대한 의존도를 줄이고 엠밴티지가 제공하는 온라인 지갑 서비스를 활성화시켜 온라인 결제에 대한 경험을 높이기 위해 결정한 투자다. 이에 더해, 자금 압박을 계속 받고 있는 인도 최대의 온라인 유통사인 플립카트Flipkart에 대한 인수 협상설이 나올 정도로 아마존은 인도에서 시장 지배력을 높이기 위해 심혈을 기울이고 있다.

4장

콘텐츠 제국: 빠르고 강하게 시장을 지배하라

전자책 시장의 게임 체인저

킨들 플랫폼의 채널 확장

출판 사업과 유통의 혁신

안드로이드와 아마존 앱스토어

오디오, 비디오, 게임 사업 추진

전자책 시장의 게임 체인저

전자책e-book의 역사는 1970년대로 거슬러 올라간다. 이미 1970년대에 책과 회화 등의 다양하고 역사적인 문화 산물을 디지털로 변환해 저장하려는 시도가 마이클 하트에 의해 '구텐베르크 프로젝트Project Gutenberg'라는 이름으로 시도됐다. 전자책 시장에 여러 가지 성장 변수들이 있었지만, 2000년대 초반 미국의 온라인 네트워크가 발전하면서 전자책 시장의 움직임도 본격화됐다. 인터넷 환경의 급속한 발전은 이동성을 넘어 전자책 콘텐츠에 대한 접근성과 산업으로서의 성장 가능성을 높였다.

전자책을 중심으로 하는 디지털 콘텐츠 유통에서 아마존의 위상은 매우 높다. 2007년 11월 전자책 디바이스인 킨들을 출시한 아마존은 글로벌 전자책 시장을 주도하고 있다. 2000년대 초반 미국의 최대 출판사인 랜덤하우스 등이 판권을 보유한 책의 디지털 버전을 판매한 적은 있으나, 온라인에서 PDF 파일 형태의 소설 등을 읽을 수 있게 한 수준이었다. 2006년 일본의 소니는 최초로 온라인과 연결된 휴대용 전자책 디바이스인 소니 리더PRS를 선보이기도 했다.

2005년 '모든 언어로 된 서적과 인쇄물을 60초 내에 구해볼 수 있게 한다.'는 비전으로 킨들 프로젝트가 시작됐다. 당시 아마존은 하드웨어를 제조한 적은 없었으나, 제프 베조스는 애플Apple이나 팜Palm 등에 몸담은 적 있는 전문 엔지니어들과 함께 랩126Lab126을 설립했다.

킨들을 위한 본격적인 서막이 올랐던 것이다. '불을 지피다.'라는 뜻의 킨들kindle은 의미 그대로 지식의 불을 지펴주는 도구로 진화하고 있다. 킨들 1세대 모델은 판매 개시 5시간 30분 만에 매진됐고, 연말연시에는 공급 부족에 시달릴 정도로 인기가 높았다.

당시 킨들 개발자들이 가장 역점을 둔 부분은 "독자들이 책을 읽을 때 어떻게 하면 전통적인 도서를 읽을 때처럼 이야기만 남고 킨들 자체는 사라지게 할 것인가?"였다. 제프 베조스의 고민은 물리적인 형태의 종이책은 이미 진화의 끝에 있고 독자들에게 매우 감성적인 존재이기에 전자책으로 모습을 바꾸더라도 기능을 개선시키기가 쉽지 않다는 점에 있었다.

그는 일반적으로 사람들이 책을 읽으면서 내용에 몰입해 들어가게 되면 물리적인 특성들에 대한 관심이 급격하게 떨어지는 현상에 주목했다. 종이와 잉크, 제본 상태 등은 시간이 지날수록 책을 읽는 사람들에게 그리 중요하게 느껴지지 않으며 결국 저자와 글과 그림이라는 형태를 통해 교감을 나누는 데에만 주의가 집중된다.

아마존은 종이책의 이런 측면을 최대한 살려 단순하게 텍스트를 담아내는 역할에 충실하도록 만드는 데 초점을 맞춰 킨들 디바이스의 디자인과 기본 설계를 진행했다. 북마크Bookmark와 검색도 지원했지만 지나치게 디지털적인 요소를 포함시키지는 않았다.

킨들의 성공적인 시장 진입을 위해 아마존은 세계 최대의 온라인 서점이라는 강점을 활용했다. 킨들 출시 당시 이미 8만 8,000여 종의 전자책을 확보한 아마존은 시장 선점에 매우 유리한 상황이었다. 2006년 소니Sony가 미국 시장에 진출했을 당시 확보한 1만여 권의 콘텐츠 수에 비하면 상당한 수준이었다. 킨들은 서적뿐만 아니라 잡지 · 신문 · 블로그까지 킨들로 볼 수 있게 하는 등 유통하는 콘텐츠의 범위를 디지털 텍스트 전반으로 확장했다. 아마존은 애플의 아이폰과 아이팟 터치 등에 킨들 앱을 통해 전자책을 공급하는 등 자사 플랫폼의 경쟁력을 향상시킬 뿐 아니라 잠재적 경쟁자와의 제휴도 강화했다.

공급받는 가격보다 더 낮은 고객 판매가를 책정하는 등 판매가에서 역마진까지 부담하는 등 시장 지배력을 강화하기 위한 전략도 추진했다. 이는 시장 잠식에 대한 출판사들의 우려를 불식시키고, 신간 서적 부문에서의 우위를 확보하기 위한 파격적인 행보로 나타났다.

아마존에게 전자책 킨들은 중장기 전략 차원에서 매우 중요한 사업이다. 종이책 유통의 정체가 예견되고 다양한 분야를 아우르는 디지털 콘텐츠와의 경쟁이 불가피하게 될 상황을 예상했기 때문이다.

역마진 전략 외에 아마존이 전자책 시장의 강자로 자리잡을 수 있었던 또 다른 원동력은 바로 책과 직접적인 관계를 맺고 있는 독자들을 잘 알고 있다는 점이었다. 애플이나 구글은 기술적인 면에선 아마존과 각축을 벌이지만, 실제 책을 구입하는 사람들의 이용 패턴에 대한 데이터와 이들에게 개별적으로 추천할 수 있는 시스템은 아마존에 비해 초라한 수준이다. 차별화되고 디테일한 아마존의 추천을 받는 독자는 전자책 구매율이 타사에 비해 상대적으로 높을 수밖에 없고, 이는 매출액 및 고객 만족도 등 실적으로 이미 증명되고 있다.

고객이 아마존에서 책을 구입하거나 검색하면 사용 중인 컴퓨터 브라우저에 쿠키cookie가 저장돼 관심 있어 할 관련 도서들에 대한 정보를 해당 고객에게 제공한다. 이러한 마케팅 환경을 위한 고객 정보는 출판사들이 아마존과 전자책 관련 사업을 함께하는 데 필요한 굉장히 중요한 기술적 환경을 제공한다.

기술적인 발전 측면에서 킨들의 중요한 성공 포인트는 무엇일까? 컴퓨터 모니터를 통해 전자책을 읽는 경우 눈이 쉽게 피로해지는 단점은 흑백 전자잉크Electronic Ink[1] 디스플레이를 적용해 극복했다. 3G 네트워크의 높은 콘텐츠 다운로드 비용을 가상 이동통신망 사업자MVNO, Mobile Virtual Network Operator를 통해 낮춘 점도 킨들의 시장 확장

1 입자의 전자기적 성질을 이용해 만든 것으로, 이를 통해 인쇄된 글자의 형태를 수시로 바꿀 수 있는 기능을 가지고 있다.

에 크게 기여했다. 아마존은 영화 · 음악 · 도서의 다운로드, 텔레비전 시청, 그리고 사업 컴퓨팅 플랫폼의 변화 등 다양한 서비스를 제공하는 기업으로 성장했다.

초기 전자책 사업은 강력한 플랫폼 구축을 통해 성장했지만, 종이책 출판 유통과는 다른 방식의 전자책 저작권 계약 및 관리가 문제였다. 대표적인 사례가 바로 '빅브라더big brother의 강림'이라 일컬어진 이른바 '조지 오웰 1984 사건'이었다. 조지 오웰의 소설 『1984』와 『동물농장』의 저작권이 만료됐다고 판단한 아마존은 저작권자에게 허락을 받지 않고 전자책을 판매하다가 저작권자로부터 두 소설의 전자책 콘텐츠가 불법 저작물이라는 이의 제기를 받았고, 이에 대한 조치를 위해 원격제어로 고객들의 킨들 디바이스에서 해당 콘텐츠를 동의 없이 일방적으로 삭제했다.

아마존 킨들의 이용자 약관은 원격을 통한 강제 삭제 조항에 대해 전혀 명시해놓지 않았다. 그래서 당시 이러한 아마존의 대응에 고객들과 저작권자들의 불만이 매우 높았다. 이에 아마존은 신속하게 재발 방지를 약속했고, 해당 콘텐츠 구입자들에게 원상 복구 또는 현금 보상 조치를 해주며 수습했다.

전자책 시장이 커질수록 이와 같은 저작권자와 유통사 간의 불법 콘텐츠 논쟁과 디바이스 및 DRM 정책과 관련한 다양한 논쟁 등이 이어지고 있다. 구글의 경우도 자사의 디지털 도서관 프로젝트 추진 과정에서 저작권자들과의 힘겨루기와 법적 소송이 이어지고 있는 것을 볼 때, 전자책 등 각종 디지털 콘텐츠 사업 부문에서 저작권은 초미의 관심사로 떠올라 관련 전문가와 법률 기업의 몸값은 더욱 높아질 것이다.

아마존은 전자 종이 디스플레이와 전자책 독자 포맷(.azw)을 사용하고, 전자책 디바이스와 콘텐츠 모두에서 역마진 전략을 전면에 내세웠다. 미국의 출판 유통과 전자책 사업의 가치사슬 구조상 구매력buying power의 중심은 유통사에 있었다. 아마존이 가격을 정하면 출판사는 따라가야 하는 입장이었던 것이다.

출판사는 자체 판매 루트가 없었고, 당시 아마존을 제외한 다른 전자책 유통사는 매출 구조가 아주 취약한 수준이었다. 이 시기에 아마존은 킨들이라는 디바이스와 유통 플랫폼을 내세워 대규모의 전자책 판매 채널로 자리잡고 마케팅에 주력하기 시작했다.

아마존은 이러한 시장 지위를 통해 초기에는 역마진이 발생하더라도 시장을 키우는 데 전략의 최우선 목표를 두면서, 28달러짜리 책을 9.99달러에 판매했다. 출판사에 15달러를 주더라도 전자책에 대한 대중의 관심이 아마존으로 집중되길 원했다.

일단 초기 시장을 장악하면 그다음에는 콘텐츠 공급자들과의 협상을 통해 콘텐츠 수량 확보와 수익 배분 구조 면에서 유리해질 수 있다는 생각이었다. 이에 따라 아마존의 성장세가 커질수록 시장참여자들의 우려 섞인 목소리가 여기저기에서 나오기 시작했다.

2010년 1월 미국의 대표적인 출판사 가운데 하나인 맥밀란Macmillan이 출판한 서적이 아마존에서 모두 내려지는 일이 있었다. 물론 전자책 킨들 버전도 마찬가지였다. 당시 맥밀란은 전자책의 가격 인상을 요구했고, 마진 역시 70퍼센트로 높여줄 것을 아마존에 요청했다. 하지만 아마존은 이를 받아들이지 않았고, 가격 협상이 끝내 결렬되자 자사의 사이트에서 맥밀란의 서적을 모두 내리는 강수를 선택했다.

맥밀란이 콘텐츠 사용료 하락에도 불구하고 에이전시Agency 모델을 요구한 이유는 일단 7대 3의 매출 배분율만으로도 오프라인 판매를 능가하는 수익을 기대할 수 있었기 때문이다. 아마존 등 거대 유통업체로부터 가격 결정권 같은 전자책 시장 주도권을 회수해 향후 전자책 시장에서 일관성 있는 가격 정책으로 수익 구조를 확보하기 위해서였다.

물론 이러한 주도권 싸움은 애플의 아이패드 출시와 앱스토어 사업 모델로 인해 예상되는 전자책 유통시장의 구조적 변화 가능성에 큰 영향을 받은 결과다. 이미 애플은 당시 미국의 상위 5대 출판업체(하퍼콜린스, 아셰트북그룹, 맥밀란, 사이먼앤슈스터, 펭귄랜덤하우스)와의 공급 협상에서 이러한 에이전시 모델을 수용한 바 있다.

아마존이 신간 베스트셀러 전자책에 대해 9.99달러의 소매가격을 고수했던 이유는 전자책 시장의 향후 주도권을 잡기 위해서였다. 즉 단기적으로 전자책 콘텐츠 판매 부문 손실이 예상됨에도 불구하고, 중장기적으로 킨들의 저변을 확대해 출판사와의 콘텐츠 사용료 협상에서 우위를 확보하고 규모의 경제를 통해 이익을 극대화하려는 전략이다.

당시 아마존이 전자책 디바이스 시장에서 60퍼센트가 넘는 점유율을 보이며, 독보적인 1위 업체로 올라섰다는 점에서 확인할 수 있는데, 여기에는 디바이스 자체의 경쟁력보다는 저가 전자책 콘텐츠 정책의 영향이 컸다는 판단이었다. 실제로, 아마존은 시장점유율이 상승하는 동안 출판업체에 지속적인 콘텐츠 사용료 인하를 요구해 왔다.

2009년 2월 아마존은 디자인과 인터페이스를 개선한 킨들2를 출시했다. 킨들2 출시 후 두 달 동안 동종 종이책 판매량의 13퍼센트에 불과했던 전자책 콘텐츠 판매량은 35퍼센트 수준으로 급증했다. 제프 베조스는 전자책을 종이책의 대체품이 아닌 완전히 새로운 정보 전달 수단으로 만들고 싶다는 의지를 끊임없이 밝혔다. 킨들이 종이책을 넘어서는 일은 없겠지만, 기술을 통해 책이 할 수 없는 일을 가능하게 만들겠다는 의욕을 보였던 것이다.

제프 베조스는 아마존 웹사이트를 온라인 서점이 아닌 애플의 아이튠즈 같은 거대한 플랫폼이라고 재정의했다. 아마존은 2010년부터 킨들의 콘텐츠 확대를 위해 킨들에 전자책을 등록하는 작가들을 모집했다. 전 세계 누구라도 스스로 만든 콘텐츠를 킨들의 온라인 사이트인 킨들 스토어에 올려서 판매할 수 있게 지원했다. 매월 KDP 셀렉트 펀딩select funding을 통해 일정 수준의 킨들 전자책 등록 인세를 보장했고, 판매되는 만큼의 인세도 추가 지급하고 있다.[2]

2010년 4월 애플 아이패드가 출시된 이후 디바이스 간의 가격

2 https://kdp.amazon.com/community/index.jspa

인하 경쟁이 시작됐고, 아마존의 디바이스 경쟁 전략도 수정됐다. 당시 반스앤노블은 누크Nook라는 브랜드로 149달러짜리 전자책 전용 디바이스를 출시했고, 소니는 포켓에디션의 가격을 149달러까지 인하했다. 아마존도 그해 8월 킨들 3세대 모델을 139달러에 출시하는 등 디바이스 가격의 인하를 통해 아이패드에 대한 가격 경쟁력을 확보했다.

아마존 킨들은 전자책 대중화에 가장 혁신적인 대안이었다. 아마존은 디바이스 제조사가 주도했던 기존의 사업 모델과 달리 온라인 커머스 사업자가 중심이 되는 구조를 만들었다. 이용자-저작권자-판매자 모두 이익을 창출하는 생태계 구조는 애플의 아이팟+아이튠즈의 수익 모델과 유사했다. 독자는 저렴한 가격에 다양한 콘텐츠를 구입하게 됐고, 저자와 출판사는 도서의 판매 확대로 인세와 판권 수익이 증가했다.

아마존은 디바이스 판매로 수익을 거두지만, 그보다도 콘텐츠의 박리다매를 통한 수익 개선을 중요하게 생각했다. 또한 다양한 운영체제와 디바이스에서 킨들 앱을 구동시키는 크로스 플랫폼cross platform 전략을 실행했다.

2010년대 초반 애플, 구글, 반스앤노블, 코보 등이 전자책 사업을 강화함에 따라 아마존도 이 분야에서 위협을 받기 시작했다. 시장 경쟁이 치열해지면서 아마존은 킨들 디바이스를 통한 광고 프로모션과 대대적인 할인 정책을 펼쳤다. 킨들 3세대 모델부터 스크린 세이버screen saver에 광고를 넣는 대신에 25달러 더 저렴해진 114달러의 가격에 판매하기 시작했다. 엄밀히 말하면, 상품의 가격을 인하하는 전략이라기보다는 고객들에게 디바이스 가격을 선택할 수 있는 한 가지 대안을 추가로 제시한 것이었다. 이처럼, 전자책 디바이스와 콘텐츠의 판매 외에 광고 수익 모델에 대해서도 아마존은 관심을 드러냈다.[3]

2011년 9월 자체 태블릿인 킨들 파이어Kindle fire를 출시하면서 킨들 디바이스 라인업은 본격적인 성장 기반을 완성했다. 해외 사업 진출을 통해 아마존의 킨들 플랫폼은 유럽과 아시아 지역으로 빠르게 확장하고 있다. 아마존은 전 세계 전자책 시장에서는 50퍼센트 이상, 북미 지역에서는 60퍼센트 이상의 시장점유율을 확보하고 있다.

아마존은 현재 약 900만 권 이상의 전자책 콘텐츠를 판매하고 있다. 신문, 잡지, 디지털 싱글형 콘텐츠 등을 포함하면 자타가 공인하는 세계 최대의 전자책 플랫폼을 구축한 것이다. 지구 상의 모든 책을 디지털화하고 있는 구글과 스마트폰 및 태블릿 시장을 주도하고 있는 애플이 넘보기 힘든 규모다. 아마존 킨들이 콘텐츠-플랫폼-네트워크-디바이스의 생태계 구조를 자체적으로 통합하면서 시장은 아마존의 전략을 모방하기 위해 바쁘게 움직였다.

킨들의 성공 배경에는 연구 개발을 담당한 랩126의 철저한 사전 준비뿐 아니라 제프 베조스의 강력한 추진력이 있었다. 아마존이 전자책 킨들에 쏟아부은 노력과 열정은 대단했다. 아마존에서 킨들

3 '아마존의 콘텐츠 사업 동향과 향후 전망', 정보통신정책연구원, 2011년 5월

개발 책임자로 일했던 제이슨 머코스키Jason Merkoski는 자신이 쓴 책 『무엇으로 읽을 것인가burning the page』(흐름출판, 2014)를 통해 "우리는 각자의 방식으로 킨들을 발명했다. 우리는 모두 기상천외한 괴짜들이었고, 발명가였고, 개척자였다. 그러나 킨들을 시작할 수 있는 비전과 수백만 달러의 초기 투자 자본을 가진 사람은 제프 베조스 한 사람뿐이었다. 그가 투자한 연구 개발비와 매입한 상품비와 스타트업 비용과 처음 몇 년간 직원들에게 지급한 급여와 주식을 합하면 천문학적인 액수가 될 것이다. 그는 단지 꿈을 본 것이 아니라 엄청난 경제적인 위험을 감수하고 그 꿈을 실현시켰다."라고 회상한 바 있다.[4]

모바일 네트워크와 스마트 디바이스의 급속한 성장으로 아마존의 전자책 사업이 지닌 글로벌 지배력은 더욱 강화되고 있다. 2011년 11월 아마존은 킨들 스토어에 비영어권 전자책 서비스를 오픈했으며, 킨들 스토어에 외국어 도서 섹션을 구성하고 다섯 개 언어를 사용할 수 있게 만들었다. 비영어권 전자책을 이용할 수 있다는 것은 해당 국가에 킨들 스토어와 킨들 디바이스가 판매되고 있다는 사실을 의미한다. 현재 이 서비스에는 프랑스어, 독일어, 이탈리아어, 스페인어, 포르투갈어가 등록돼 있다.

글로벌 관점에서 보면 비영어권 콘텐츠도 아마존이 허브hub 역할을 함에 따라 다양한 국가에서 판매될 수 있다. 더불어 비영어권 콘

4 https://www.amazon.com/Burning-Page-Revolution-Future-Reading/dp/B00BEXP52K/ref=sr_1_1?s=books&ie=UTF8&qid=1469273879&sr=1-1&keywords=burning+the+page

텐츠는 전자책을 통한 번역 출판이라는 가시적인 사업 기회의 측면도 가진다. 만약 일본어로 된 전자책에 대한 독자들의 반응이 좋으면, 이를 본 다른 국가의 출판 관계자들이 해당 콘텐츠를 번역 출판의 영역으로 끌어올 수 있다는 점에서 상당히 매력적이다. 저자들도 아마존을 통해 많은 부분에서 영향력을 주고받을 수 있게 됐다. 인지도가 낮은 저자가 킨들 스토어를 통해 글로벌 독자들에게 한층 수월하게 소개될 수 있다.

아마존도 자체 스토어 입점 전략의 일환으로, 현지 1위 사업자와의 전략적 제휴를 통해 킨들 서비스를 오픈했다. 영국의 서점 체인인 워터스톤즈Waterstones의 오프라인과 온라인 채널을 통해 킨들 디바이스를 판매하기 시작했다는 사실은 다른 국가로의 진출 전략에 선례로 작용할 가능성이 높다. 2012년 8월 이런 선례가 인도에 적용됐다. 인도의 대표적인 가전 유통사인 크로마Croma를 통해 아마존의 킨들과 전자책 콘텐츠를 온 · 오프라인에서 판매하기 시작한 것이다. 향후 아마존은 현지에 자사의 로컬local 스토어가 없는 국가에서 이런 전략을 구사할 것으로 보인다.

강력한 경쟁 상대인 애플이나 구글과 비교해 아마존은 독서를 즐기는 수많은 독자층을 확보하고 그들의 구매 행동 패턴을 잘 파악하기 때문에 수익 관점에서도 유리한 고지를 선점하고 있다. 더불어 아마존이 킨들 서비스를 위해 디바이스를 포함한 수직계열화Vertical Chain를 완성하고, N스크린[5]이 가능한 크로스 플랫폼Cross platform

5 스마트폰, 태블릿, TV 등 디바이스에 관계없이 원하는 콘텐츠를 즐길 수 있도록 하는 서비스

전략을 통해 아주 편리한 전자책 콘텐츠 서비스를 제공한다는 점도 중요한 성공 포인트다.

킨들과 킨들 스토어의 글로벌 진출 확대는 필연으로 봐야 하며, 아마존이 속도를 어떻게 조정하는지 주목할 필요가 있다. 영어를 공용어 수준으로 사용하는 국가들의 경우 아마존은 비교적 수월하게 킨들 스토어만으로도 신규 시장 진입과 확장이 가능하다. 결국 여러 카드들을 손에 쥔 아마존은 커머스와 콘텐츠 사업의 통합 및 분리의 관점에 대한 전략적 분석과 선택을 통해 글로벌 진출의 단계를 조정할 것이다.

아마존 고객의 약 40퍼센트가 킨들 디바이스 모델을 소유하고 있으며, 고객과 1:1로 연결되는 터미널을 가지고 있다는 것은 유통 기업의 관점에서 볼 때 아주 매력적이다. 충성도 높은 고객이 얼마나 많은지가 곧 기업의 성패를 좌우하는데, 이 점에서 아마존은 확실한 경쟁 무기를 확보했다.

아마존은 위스퍼캐스트를 시범 운영하는 등 이미 교육 시장과 관련해서도 킨들에 상당한 투자를 계속하고 있다. 최근 아마존은 미국 뉴욕시 공립학교에 5년간 총 6,450만 달러 규모의 전자책을 공급하는 계약을 체결했다. 뉴욕시 교육국은 첫 3년간 3,000만 달러 상당의 전자책을 공급받기로 했으며, 각 공립학교는 교육국의 해당 웹 사이트를 통해 아마존 전자책을 구입할 수 있다. 구입한 전자책은 한 학교에서 다른 학교로 자유롭게 양도할 수 있고, 이번 계약에 따라 아마존이 받게 될 수수료는 10~15퍼센트 수준인 것으로 알려졌다. 시각 장애 학생을 위한 별도의 지원 등 좀 더 세부적인 사항은 뉴욕시와 아마존이 협의해서 조정한다.

2016년 6월에는 유치원생과 초등학생에게 필요한 학습 자료를 공유하는 '아마존 인스파이어Amazon Inspire'를 미국 시장을 대상으로 오픈했다. 아마존 인스파이어는 온라인 교육 리소스 플랫폼으로 무료로 운영된다. 이 플랫폼을 통해 사용자들은 여러 카테고리에 따라 콘텐츠를 검색하고 정렬하고 평가할 수 있으며, 교사들끼리 다양한 학습 지도 리소스를 공유할 수 있는 크라우드 소싱을 지원한다. 아마존은 온라인 교육에 관한 모든 것을 아마존에서 한꺼번에 해결할 수 있게 만들었다.

2013년 2월 아마존의 해외 법인 목록에 브라질이 추가됐다. 이와 관련해 전자책 전용 커머스 플랫폼으로 브라질 시장에 진출했다는 점을 주목해야 한다. 아마존이 일반 상품 판매가 중심인 커머스 사이트를 오픈하지 않은 것은 이후 해외 시장에 진출할 때 투트랙Two track 방식을 염두에 두고 있다는 의미다. 커머스 사이트의 시장성이 미약하다고 판단되는 지역인 경우, 킨들을 앞세운 디지털 콘텐츠와 디바이스 플랫폼만으로도 아마존의 깃발을 꽂을 수 있는 것이다.

브라질 이후에 아마존의 호주 및 멕시코 법인도 동일한 방식으로 첫 선을 보였다. 일반 유통과 분리해서 전자책인 킨들 디바이스와 킨들 스토어만의 글로벌 진출을 선택하는 전략이 이어지고 있는 것인데, 이와 같은 진출 방식은 거대한 물류 인프라가 필요한 커머스 사업보다 더 빠르게 진행될 수 있는 장점이 있다. 한마디로 역발상 전략이며, 콘텐츠로 시장을 선점하고 커머스가 그 뒤를 잇는 순서로 진출하는 것이다. 비교적 온라인 인프라가 잘 갖춰져 있고, 트렌드에 대한 반응 속도가 빠른 국가들의 경우에도 추진 가능한 모델이다.

아마존은 각국의 주요 출판사와 잡지사를 비롯해 각각의 저자들과도 전자책 콘텐츠 계약을 맺으며 빠르게 확장 중이다. 국가별로 출판 산업 구조가 비슷한 관계로 시장의 절반 정도는 메이저 출판사들이 주도하고 있다. 비영어권 국가에서는 해당 국가의 출판물 중 베스트셀러와 스테디셀러를 전면에 내세워 저작권을 확보한 후 콘텐츠 서비스를 추진하고 있다. 이후 출판 파트너십과 가입 회원을 기반으로 종이책과 일반 상품을 차례로 판매하는 형태로 진행되고 있다.

2016년 4월 아마존은 킨들 8세대 모델인 오아시스Oasis를 출시했다. 전자책 리더인 킨들 시리즈 가운데 가장 얇고 가벼운 '킨들 오아시스'를 공식 발표한 것이다. 킨들 오아시스는 인체 공학적인 설계로 전작보다 30퍼센트 얇아지고, 무게는 20퍼센트 줄었다. 화면 부분 두께는 3.4mm, 무게는 131g이다.

● 아마존 킨들 오아시스

킨들 오아시스는 직전 모델인 보이지Voyage, 페이퍼화이트Paperwhite와 동일한 6인치 디스플레이(300PPI)를 탑재했으며, 빛 반사율이 20퍼센트 줄어들어 장시간 독서에도 눈이 덜 피로하고, 측면 라이트 기능으로 밝기를 60퍼센트 향상시켰다. 페이지를 넘기는 버튼을 제공해 한 손으로 쉽게 페이지를 넘길 수 있으며, 가로 보기를 위한 가속 센서를 탑재해 디바이스를 좌우로 180도 돌려 사용할 수 있다. 새로운 듀얼 배터리 충전 방식이 적용됐으며, 보조 배터리가 내장된 커버를 활용하면 최대 두 달 이상 연속해서 사용할 수 있다.

하지만 똑같은 스크린과 비슷한 성능을 지닌 데다가 50g 더 가벼운 120달러짜리 페이퍼화이트보다 무려 2.4배가 비싼 킨들 오아시스가 어느 정도의 판매량을 기록할지에 대해서는 상당히 회의적인 분위기다. 이제 아마존은 디바이스 판매보다는 콘텐츠 판매에 초점을 맞춘 수익 모델에 집중하면서 신형 디바이스의 재구매율은 크게 신경 쓰지 않는 것처럼 보인다. 7세대 모델인 킨들 보이지Kindle Voyage도 오아시스 출시 때와 비슷한 시장 반응을 얻고 있기 때문이다. 최신의 킨들 오아시스를 보면 아마존이 전자책 디바이스에서 하이엔드급 출시를 지향하는 전략을 이어가는 것으로 해석할 수 있다.

킨들 플랫폼의 채널 확장

2011년 하반기부터 아마존 킨들 소유자들은 미국 내 1만 1,000여 개 도서관에서 킨들 전자책을 대여할 수 있게 됐다. 기본적으로 공공 도서관의 전자책 대여는 무료고, 일부에서는 웹사이트를 통해 전자책 대여 서비스를 제공한다는 점에서 높은 관심을 보였다. 만약 도서관에서 동일한 킨들 전자책을 다시 빌리거나 나중에 구매하는 경우에도 자신이 이전에 표시한 내용과 북마크가 그대로 적용된다.

따라서 킨들 디바이스를 보유한 이용자는 뉴욕, 시카고, 샌프란시스코 등에 위치한 공공 도서관에서 무료 전자책 대여 서비스를 편리하게 접할 수 있게 됐다. 전자책 디바이스 사용자들은 도서관에 실제 방문하지 않아도 도서관 카드를 이용해 웹사이트에서 전자책을 다운로드할 수 있다.

도서관마다 대여 규정은 다르지만 보통 대여 기간은 2~3주 정도다. 아마존은 이 서비스를 위해 공공 도서관의 전자책 시스템을 운영하는 오버드라이브OverDrive 사와 관련 작업을 수행했다. 아마존 킨들 이용자들은 이 서비스로 약 30만 권 이상의 전자책과 오디오북에 접근할 수 있다. 아마존 B2B 채널의 전면적인 확장은 대다수의 독자들과 출판계가 패러다임을 전환하는 데 기폭제 역할을 지속할 것으로 보인다.

아마존은 킨들 디바이스를 소유한 프라임 회원을 대상으로 매월 한 권씩 전자책을 빌려볼 수 있게 만든 킨들 대여 도서관 프로그램kindle owners lending library을 진행하고 있다. 2016년 6월 현재 100만 종 이상 이용할 수 있고, 빌린 책을 반납하면 다른 책을 또 빌려볼 수 있다. 이 킨들 대여 도서관 프로그램은 2011년 미국에서 처음 오픈한 이후 프라임 회원들에게 좋은 반응을 얻고 있으며, 『해리포터』, 『헝거게임』 등 인기 콘텐츠들을 더욱 풍성하게 확보하고 있다.

전자책 대여 모델을 강화함으로써 프라임 회원 수가 증가했고, 소비의 관점에서 전자책의 활용도를 높이게 됐다. 결국, 아마존 입장에서는 충성 고객 확보와 콘텐츠 시장에서의 헤게모니 강화라는 두 마리 토끼를 다 잡을 수 있는 모델이다. 미국의 대형 출판사들이 도서 판매량 감소를 우려해 전자책 대여 서비스를 망설인 것도 이 때문이다.

한편 2012년 하반기부터 아마존은 킨들 소유자를 대상으로 하는 전자책 대여 서비스를 영국을 비롯한 유럽 지역에서도 본격적으로 확장했다. 그해 10월에는 독일과 프랑스에 정식 서비스를 오픈했으며, 개인 출판 플랫폼인 KDP 셀렉트 펀딩을 통해 더 많은 수량의 유럽 및 아시아 지역 콘텐츠를 소싱하는 데에도 박차를 가하고 있다.

아마존은 인기투표를 통해 해당 도서를 디지털화하는 프로젝트인 킨들 스카우트Kindle Scout도 선보였다. 전자책 출간 방식에서도 독자들의 참여가 활발하게 진행되고 있는 것이다. 독자가 출간 여부를 결정하는 데 일정 부분 참여하는 사례며, '이야기 실험실'로 불리는 킨들 라이트온write on과 함께 개인 작가들의 작품 원고 일부를 웹에 게시하고 독자들의 평가를 받는 시스템이다.

킨들 스카우트를 통해 최종 선정된 열 개의 전자책이 아마존 킨들 프레스kindle press라는 브랜드를 달고 정식 판매 중이다. 대표적인 작품으로 리젤 카슨의 『G1』(공상과학), 에이미 자레키의 『A Highland Knight's Desire』(로맨스), 스티브 가넌의 『L.A. Sniper』(스릴러) 등이 있다. 킨들 스카우트에 올라오는 분야는 픽션fiction을 중심으로 계속 확장될 계획이다.

매월 킨들 스카우트 페이지에는 20편 이상의 원고에 대해 투표가 진행된다. 선택을 많이 받은 원고는 아마존의 담당 편집 팀에서 내부 검토를 통해 전자책 출간을 최종 확정한다. 이후 선인세 1,500달러를 지불하고 전자책 출간 계약을 체결하는데, 종이책은 다른 출판사에서 작가와 직접 협의할 수 있다. 아마존이 킨들 스토어를 통해 전자책 판매를 전담해 지원하며, 인세로는 판매액의 50퍼센트를 받는다.

킨들 스카우트의 전자책은 독자들이 직접 원고의 일부를 보고 작가와의 커뮤니케이션을 통해 선정한 작품들이다. 그만큼 전자책을 즐기는 독자들이 자발적으로 참여했다는 점에서 마케팅에 유리한 측면을 확보하게 된다. 작가도 그만큼 작품에 대한 자신감을 가지고 온·오프라인을 통해 적극적으로 알릴 수 있다.

전자책은 종이책보다 제작 및 유통 과정에서 절감되는 비용이 많은 편이고, 디지털 시대의 대응력도 높다. 그런 점에서 독자의 니즈를 반영한 참여형 콘텐츠의 기획과 제작은 매력적이다. 더불어 전자책 독자들이 무엇을 원하는지 가장 가까이에서 들여다볼 수 있다는 점에서 대형 출판사와 다른 플랫폼 사업자들에게 확산될 전망이다.

2011년 9월 28일 뉴욕에서 아마존의 CEO인 제프 베조스는 콘텐츠 산업계에 큰 획을 긋는 상품을 들고 출사표를 던졌다. 바로 아마존의 차세대 성장 엔진이자 첫 태블릿인 킨들 파이어Kindle Fire가 소개된 날이었다. 2007년 11월 킨들 브랜드로 전자책 산업의 불꽃을 일으킨 후, 4년 만에 텍스트에서 멀티미디어로 판을 키워가겠다는 의지를 천명한 순간이었다.

킨들 파이어에 대한 발표를 마치자마자, 외신들은 일제히 제프 베조스에게 찬사를 보냈다. 「포브스」는 "제프 베조스가 내면에 있던 스티브 잡스의 카리스마를 드러냈다."라고 평가했다. 또한 「테크

크런치」는 "잡스 못지않은 강력한 파워를 보여줬다."라고 평가하면서 스티브 잡스의 뒤를 이을 대표적인 차세대 인물로 제프 베조스를 지목했다.

아마존의 킨들 파이어 출시로 인해 스마트 디바이스 분야에서 철옹성을 구축한 애플은 태블릿 시장에서 가장 강력한 경쟁자를 받아들여야 했다. 태블릿이라고 하면 바로 아이패드가 떠오를 만큼 당시 애플은 독점적인 시장 지위를 누리고 있었다. 기존에 구글 안드로이드 연합 진영과 애플 iOS 진영 간의 태블릿 시장 경쟁에서 HP와 RIM 사의 점유율 축소는 구글에게 악영향을 미쳤다. 하지만 아마존의 태블릿 시장 점유율이 높아지면서 시장은 아마존과 애플의 대결 구도로 진행됐다. 구글 진영을 아마존이 대표하는 전략적 구조가 형성된 것이다.

킨들 파이어는 미디어데이media day 이후 한 달 동안 아마존에서 50만 대, 베스트바이와 월마트 등에서 100만 대 등 모두 150만 대의 예약 주문을 받았다. 킨들 파이어의 가격은 다른 태블릿의 절반 이하 수준이었으므로 처음 스마트 디바이스를 구입하는 고객뿐 아니라 세컨드 스마트 디바이스로서 구매하는 수요도 적지 않았다. 이처럼 태블릿 시장에서 독주해온 아이패드에 첫 도전장을 내민 강력한 경쟁자는 바로 킨들 파이어였다.

쇼핑 기간으로 유명한 블랙프라이데이Black Friday는 미국 추수감사절(11월 넷째 주 목요일)의 바로 다음 날(금요일)이며, 연휴 기간 중 최대의 쇼핑 시즌으로 기대를 모은다. 아마존에 따르면 킨들 파이어는 2011년 아마존 전 매장에서 가장 많이 팔린 품목이었다. 본격적인 블랙프라이데이 쇼핑이 시작되기도 전에 수백만 대의 킨들 상품군이 판매됐고, 킨들 전자책 디바이스 상품군은 전년 대비 네 배 이상 많이 판매됐다.

아마존은 자사 매장과 타깃, 베스트바이 등에서도 킨들 파이어의 판매가 성공적이었다고 평가했다. 당시 아마존의 킨들 부문 부사장인 데이브 림프는 "고객들이 선물용 혹은 개인용으로 여러 종류의 킨들 상품을 복수 구매하려는 성향을 보인다"라고 밝혔다. 연말 쇼핑 시즌을 겨냥한 아마존의 디바이스 출시 전략이 적중한 것이다. 킨들 파이어의 시작 화면에서는 다음과 같은 메시지를 볼 수 있었다.

> "여러분이 이런 훌륭한 기계를 들고 있다는 사실을 최대한 빨리 잊길 바랍니다. 그 대신 다른 수많은 독자가 그랬듯이 작가와 함께 지적인 여행을 떠나세요. 문제는 기계 자체가 아니라 콘텐츠를 보고 소통할 수 있는 소프트웨어입니다. 아마존이 킨들로 전자책 분야의 1위를 고수하고 세계 제일의 온라인 서점에 올라설 수 있었던 것은 킨들이 담을 수 있는 콘텐츠 생태계를 가장 먼저 만들었기 때문입니다."

킨들 파이어를 통해 전자책, 영화, 음악, 잡지 앱 등 클라우드 기반으로 제공해오던 콘텐츠를 무료로 이용할 수 있다. 킨들 파이어에서 이용하는 콘텐츠는 무료로 제공되는 개인 클라우드에 저장되는데, 그 콘텐츠는 자동으로 백업된다. 이용자들은 킨들 파이어에서 보던 영화나 전자책을 PC에서도 계속 볼 수 있고, 원하면 언제든지 지울 수 있다.

킨들 파이어의 최대 장점은 무엇보다 아이패드2의 반값도 안 되는 199달러라는 가격이었다. 499달러에서 829달러에 이르는 기존 태블릿들과 비교하면 파격적인 가격이다. 제프 베조스는 "킨들 파이어에는 믿을 수 없는 가치가 있다. 프리미엄 상품을 프리미엄이 아닌 가격으로 만날 수 있다."라고 강조했다.

태블릿 디바이스의 제조가보다 판매가가 낮아서 팔수록 손해를 본다는 지적도 있었다. 하지만 아마존은 영화, 음악, 책, 잡지 등의 유료 콘텐츠를 판매해 충분히 이를 극복할 수 있다고 봤다. 또한 기본적인 안드로이드 마켓 외에 아마존이 체계적으로 필터링하고 관리하는 서비스도 함께 이용할 수 있다.

아마존은 킨들 파이어에 클라우드용 웹 브라우저인 아마존 실크Silk도 함께 선보였다. 아마존 킨들 파이어에서는 영화, 음악, 잡지, 책, 게임 등을 이용할 때 이들 콘텐츠를 아마존 일래스틱 클라우드EC2에서 불러오며, 아마존 실크는 이를 빠른 속도로 처리할 수 있게 설계됐다.

이용자는 PC보다 낮은 사양의 킨들 파이어에서도 빠르고 쾌적한 웹 브라우징을 구현한다. 실크 소프트웨어는 디바이스와 EC2의 가상 서버 등 양쪽 모두에 상주하고 있다. 아마존은 이런 특징 때문에 '실크'를 '분할 브라우징split browsing'이라고 부른다.

'실크'는 방문 웹사이트의 복잡도를 판단해 이를 직접 불러올지, 아니면 EC2에서 저장된 캐시 사이트를 불러올지 자동 판단해 가장 빠른 웹사이트로 접속한다. 낮은 사양의 디바이스에서 모바일 인터넷 환경으로 불러오려면 시간이 많이 걸릴 수밖에 없다. 아마존은 CPU 자원이 풍부한 EC2를 활용해 태블릿 환경에서도 고속 처리할 수 있게 지원한다.

출시 한 달 만에 킨들 파이어는 아이패드에 이어 업계 2위를 차지했다. 아이패드 최저 가격의 40퍼센트 수준으로 판매하는 저가 정책을 무기로 시장을 파고드는 데 성공했다는 평가다. 아이패드에 비할 바는 아니지만 삼성전자, RIM^Research In Motion^ 등 시장에 먼저 진입한 경쟁자를 따돌렸다는 점에서도 하나의 사건으로 평가됐다.

아마존은 킨들 파이어 출시에 즈음해 오리건 주에 데이터센터를 오픈했다. 킨들 파이어가 아마존 앱스토어와 서비스를 이용하기 때문에 폭발적으로 증가하는 서비스 이용에 대비하기 위한 목적이었다.

아마존은 킨들 스토어를 운영함으로써 전 세계에서 전자책 시장의 확산을 주도하고 있다. 아마존은 태블릿의 판매를 통해 이들 콘텐츠 서비스의 매출을 창출할 수 있다. 킨들 파이어는 2011년 4사분기에 약 400만 대가 판매되면서 안드로이드 태블릿 시장의 선두주자로 입지를 강화했다.

아마존은 2012년 9월 킨들 파이어 HD 모델을 출시하기에 앞서 판매가를 199달러에서 149달러로 낮추고 시장 경쟁에 다시 불꽃을 일으켰다. 구글이 '넥서스7'을 출시하고 반스앤노블과 코보[Kobo]도 태블릿 라인에 신규 모델을 출시한 2012년 하반기에는 안드로이드 태블릿 시장에서 커다란 판도 변화가 일어났다.

킨들 파이어 HDX 라인업에 탑재한 메이데이[Mayday] 기능은 매우 편리한 고객 지원 시스템이다. 제품 사용에 어려움을 느끼는 고객은 온라인 전담 지원 담당자와 직접 온라인 동영상으로 연결되므로, 크고 작은 불편 사항을 직접 문의하면서 해결할 수 있다. 온라인과 오프라인이 결합된 최초의 하이브리드형 고객 응대 프로그램이다. 메이데이의 경우, 고객은 아마존 직원을 보면서 대화하지만, 직원은 웹 화면을 보면서 마이크를 통해 상담한다. 최초 연결을 위한 대기 시간도 30초 이내인데, 이는 아마존의 핵심 철학인 고객 최우선 정책을 잘 보여준다.

● 킨들 파이어 메이데이 버튼(출처:www.amazon.com)

이런 기술은 메이저 경쟁사들도 쉽게 채택할 수 있을 것 같지만, 상담 인력의 수준 관리, 경영진의 적극적인 투자 등이 전제돼야만 한다. 아마존이 가장 먼저 이런 서비스를 할 수 있는 이유도 바로 여기에 있다.

2014년 9월부터 아마존은 태블릿 라인업에서 '킨들'이라는 이름을 빼기로 했다. 파이어폰, 파이어TV 등 다른 스마트 디바이스 상품군과 브랜드 연계를 강화하기 위한 조치다. 이에 따라 아마존은 태블릿 라인업에서 조용히 '킨들'이라는 이름을 빼고 '파이어HD', '파이어HDX' 등으로 부르기 시작했다. 아마존이 태블릿 브랜드 이름을 바꾼 이유는 전자책 단말기인 킨들과 명확하게 구분하기 위해서라고 언론들은 보도했다. 킨들이 태블릿이 아니라 전자책 단말기라고만 생각하는 고객들이 많아 이 두 가지를 분리하기 위해 브랜

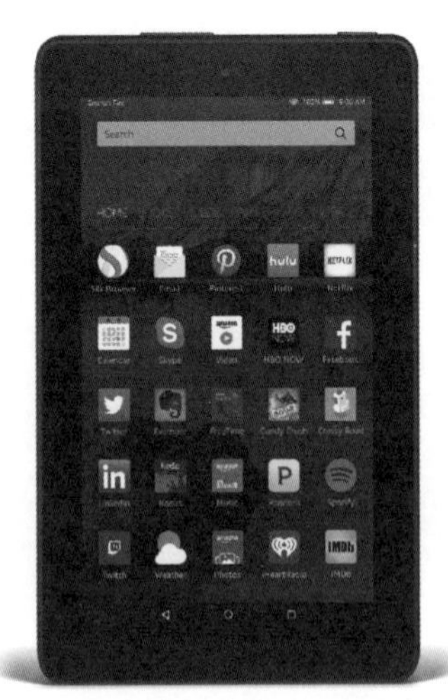

● 아마존 태블릿 '파이어'

드 이름을 바꿨다는 분석이다. 아마존이 점점 하드웨어 사업에 집중하는 것은 온라인 유통업체인 아마존이 콘텐츠와 서비스의 판매를 끌어올리기 위한 전략으로 이해할 수 있다.

2015년에는 전 세계의 태블릿 수요가 크게 줄어 출하량이 12퍼센트 감소한 것으로 나타났다. 애플이 태블릿 시장에서 1위를 지켰고, 삼성은 2위였다. 이 무렵 태블릿 시장은 여러 다른 대체 디바이스들로부터 공격을 받았다. 5인치대 대화면 스마트폰부터 투인원 2-in-1 PC까지 태블릿을 대체할 만한 이들 제품의 판매가 꾸준히 증가하고 있었다. 현재 아마존은 49.99달러짜리 7인치대 파이어 태블릿 등으로 시장을 공략하고 있다. 하지만 이와 같이 분투하고 있음에도 전체적인 태블릿 수요의 감소 현상은 지속되고 있다.

강력한 콘텐츠 소싱 역량과 충성도 강한 고객층을 기반으로 한 아마존에게 디바이스 사업은 매우 중요한 의미를 가진다. 하드웨어는 자체 기술력으로 기획하고 개발했으며, 제작은 대량으로 아웃소싱했다. 이 과정에서 원가 절감을 통해 저렴한 가격으로 고객들에게 제공하는 기반을 마련했다. 하드웨어보다 콘텐츠 판매를 통해 실질적인 이익을 다수 확보하겠다는 아마존의 전략은 여전히 유효하다.

출판 사업과 유통의 혁신

비즈니스 전문가로 유명한 세스 고딘Seth Godin은 '도미노 프로젝트Domino Project'라는 이름으로 아마존의 임프린트imprint에 참여했다. 그는 기존 출판 프로세스를 거치지 않고 단편 형식의 전자책을 중심으로 다양한 출판 관련 실험을 진행했다. 아마존 퍼블리싱Amazon publishing은 아마존이 직접 출판사를 운영하면서 다양한 출판 콘텐츠를 생산하는 조직이다.[6] 내부 임프린트는 아마존 앙코르AmazonEncore, 아마존크로싱AmazonCrossing, 몬트레이크 로맨스Montlake Romance, 토마스 앤 머서Thomas & Mercer, 47노쓰47North, 뉴 하베스트New Harvest, 리틀 에이Little A, 제트 시티 코믹스Jet City Comics, 스토리 프런트StoryFront, 워터폴 프레스Waterfall Press 등 번역, 로맨스, 판타지, SF, 코믹, 종교 서적 등으로 분야를 확대하고 있다.

아마존은 2007년 11월 킨들을 출시하면서 전자출판 시대의 패러다임을 이끌어가기 시작했다. 앞에서 살펴본 것처럼, 킨들은 전용 디바이스에 한정된 브랜드가 아닌 전자출판과 유통 서비스를 아우르는 용어로 확장해서 이해하는 것이 적절하다. 아마존은 기성 출판사와의 파트너십으로 수십만 권의 전자책 콘텐츠를 서비스하고 있다.

하지만 지속적인 사업 확장과 콘텐츠 중심의 가치사슬 변화에 대비하기 위해 아마존은 원천 콘텐츠 생산자인 저자를 확보하는 데 집중하기 시작했다. 이미 아마존은 책, 영화, 음악을 자신이 직접 판

---

6 http://www.amazon.com/gp/feature.html?docId=1000664761

매할 수 있는 크리에이트 스페이스CreateSpace를 통해 저자와의 직거래 서비스에 대한 다양한 노하우를 확보하고 있다.

아마존은 기존 DTPDigital Text Platform에서 다시 브랜딩한 KDPKindle Direct Publishing 서비스로 누구든지 직접 전자책을 제작, 등록해 판매할 수 있는 플랫폼을 마련했다. 이로써 다양한 분야의 저자들이 출판사의 지원 없이도 자신의 저작물을 일반 고객들에게 알리고 판매하는 기회를 가질 수 있다. 또한 저자의 몫인 인세를 조건에 따라 35~70퍼센트까지 받는 수익 배분 구조가 가능해졌다.

기존에 출판사가 지급했던 평균 10퍼센트에 비해 높은 수준의 인세다. 전자책 판매가도 저자가 직접 책정할 수 있고, 시기별로 적절하게 마케팅할 수 있는 시스템을 갖췄다는 점에서 저자들에게는 상당히 매력적인 서비스다.

아마존은 KDP를 통해 100만 건 이상의 다운로드를 기록한 저자들에게 킨들 밀리언클럽kindle million club이라는 영예를 수여하고 있다. 첫 저자인 스티그 라르손에 이어 제임스 패터슨, 노라 로버츠, 수잔 콜린스 등이 이름을 올렸고, KDP의 대표적인 작가로 손꼽히는 존 로크는 후속 원고에 대해 대형 출판사와 정식 계약을 맺었다.

현재 밀리언클럽 멤버는 14명으로 늘었다. 그만큼 개인 출판을 통한 전자책 시장이 일반 독자들의 호응을 많이 받고 있는 셈이다. 멤버들의 공통점을 살펴보면, 기존 베스트셀러 저자군에 속하지 않았고 스릴러, 추리, 판타지 등 마니아 독자층이 탄탄한 분야의 전문 저자들임을 알 수 있다.

킨들 전자책을 통해 많이 알려지면서 콘텐츠에 대한 독자들의 긍정적 검증이 병행됐고, 아마존의 임프린트나 POD[Print On Demand] 시스템을 통해 종이책 출판으로 이어지면서 매출액과 인세 수익이 그만큼 늘어나는 효과도 있었다. 북미 시장의 경우, 전자책 시장이 급성장했고 영어권 출판물은 글로벌 경쟁력까지 갖추고 있기 때문에 KDP 같은 플랫폼에 저자들이 높은 관심을 보였다. 아마존은 유럽 지역에 킨들 서비스를 확산시키고자 박차를 가하고 있으며 이미 프랑스, 스페인, 이탈리아, 포르투갈에 진출했다.

아마존은 2011년 8월 HTML5 기반의 킨들 클라우드 리더[Kindle Cloud Reader]를 발표했다. 킨들 클라우드 리더는 웹 브라우저를 통해 서재에 넣은 킨들 전자책을 읽을 수 있다. 웹 브라우저로 해당 사이트에 접속한 후 아마존 계정으로 로그인해 이용하는 방식이다.

시스템 확장력과 캐시 기능을 이용함으로써 온라인에 접속할 수 없더라도 이미 다운로드한 킨들 전자책을 편리하게 읽을 수 있다. 킨들 앱을 이용하는 독자라면 자신이 추가한 노트, 하이라이트, 북마크 등을 전자책에 표시할 수 있다. 이와 같이 킨들 전용 디바이스와 킨들 앱은 상호 동기화해서 사용할 수 있다. 클라우드 리더는 HTML5 기반 앱으로 제작돼 온라인을 통해 접속할 때마다 자동 업데이트된다. 킨들 클라우드 리더를 사용하면, 아이패드에서도 킨들 리더로부터 직접 킨들 스토어에 접속해 사용할 수 있는 장점이 있다.

최근 저자와 출판사가 독립적으로 전자책을 아마존 전자책 시장에 판매할 수 있는 KDP로 제작된 전자책의 판매량이 증가하고 있다. 판매량 상위권의 다수가 KDP를 통해 출간된 책이라는 점을 감안할 때 전자책은 개인 출판 방식이 중심이 될 것이다.

이런 상황에서 킨들의 콘텐츠 소싱 전략은 출판사 중심에서 저자 중심으로 옮겨가고 있다. 기존의 출판사 위주 방식과 달리, 저자와 출판사로 구분해 저자가 직접 출판 유통까지 책임지는 방식이다. 기존의 강자였던 출판사와 서점에서 개인 출판 플랫폼에 대한 투자가 많아지고 있으며, 콘텐츠를 생산하는 저자의 역할과 위상이 확실히 높아지고 있다. 아마존 KDP와 유사한 개인 출판 플랫폼으로는 반스앤노블의 펍잇Pubit, 애플의 아이북스토어ibookstore, 룰루닷컴Lulu, 스매시워즈Smashwords, 패스트펜슬FastPencil, 코보kobo 등이 있으며, 다양한 스마트 디바이스의 보급 덕분에 콘텐츠 소구력이 높아진 만큼 성장이 기대되는 서비스 모델이다.

무명 작가들의 성공 사례에 이어 최근에는 메이저 작가들의 전자책 진출도 본격화됐다. 전자책 출간에 우호적이었던 베스트셀러 작가 스티븐 킹, 톰 클랜시, 마이클 크라이튼 등에 이어 조앤 K. 롤링이 자신의 커뮤니케이션 사이트인 포터모어닷컴Pottermore.com을 통해 『해리포터』 시리즈를 전자책으로 출간했다. 전자책 시장의 성장과 독자들의 콘텐츠 이용 패턴의 변화에 대해 거리를 두지 않겠다는 뜻이다. 이를 통해 직접 독자와 만날 수 있는 채널을 활용하면서 종이책 이외의 방식을 통해 수익을 확대할 수도 있다.

전자책은 분야별로 종이책의 대체재와 보완재 역할을 한다. 이는 콘텐츠 생산자인 저자와 독자의 선택에 따라 결정된다. 이제 콘텐츠 생산 및 소비 구조의 측면에서 밀도 있는 접근과 실행이 더욱 필요해졌다. 이에 따라 현재의 저자-출판사-서점-독자로 형성된 출판 유통 구조의 변화와 각자의 역할 모형에도 많은 변화가 생기고 있다.

전자출판 플랫폼을 활용한 개인 출판은 출판 분야를 향한 진입 장벽을 낮췄다. 또한 기존 출판사에서 소화하기 어려웠던 다양한 분야의 저자를 확보할 수 있다. 이는 전반적인 출판 산업의 양적-질적 성장에 적지 않은 도움을 주고 있다.

하지만 지속적인 수익이 보장되기 위해서는 콘텐츠의 수준이 중요한 결정 요소로 작용한다. 전업 작가를 꿈꾸는 저자들에게 개인 출판은 좋은 기회일 수도 있지만, 그렇지 않을 수도 있다. 스마트한 독자들을 위해 저자들도 속도를 맞춰갈 것이고, 균형이 잘 맞는 저자는 시장의 지지를 받게 돼 수익도 함께 얻을 수 있는 시스템이 안착되고 있다.

온라인 사업에 익숙하지 않은 저자들은 출판사와의 협력이 최선이고, 각자의 전문성을 통해 상생할 수 있다. 출판사도 개인 출판에 반감을 가지기보다는 적극적인 모니터링을 통해 기성 출판의 영역으로 끌어올릴 수 있는 역할을 수행해야 한다.

2013년 11월 1일 아마존은 킨들 퍼스트kindle first 서비스를 오픈했다. 도서 발매 1개월 전에 전자책 버전을 무료(프라임 회원 대상) 또는 1.99달러에 판매하는 모델이다. 우선 아마존의 출판 자회사인 아마존 퍼블리싱에서 발간하는 책으로 미국에서만 제공하고 있다. 킨들 퍼스트의 첫 타이틀은 『Things We Set on Fire』(데보라 리드 Deborah Reed 저) 등 5종이었다. 종이책보다 앞서 나온다는 점에서 전자책만의 매력을 느낄 수 있어서 반응이 좋은 편이었다.

2014년 7월 아마존은 월 9.99달러에 전자책 60만 권과 오디오북 2,000편을 무제한으로 읽고 들을 수 있는 킨들 언리미티드 Kindle Unlimited 서비스를 정식 출시했다. 이 서비스는 아마존의 전자책 디바이스인 킨들과 킨들 앱이 설치된 각종 디바이스에서 이용 가능하다.

킨들 언리미티드에 대해 출판 생태계를 파괴할 모델이라는 우려도 많다. 대형 출판사들과의 갈등이 끝나지 않은 상황에서 이 서비스로 관계가 더 악화될 것으로 보이기 때문이다. 하퍼콜린스, 아셰트, 사이먼앤슈스터 등 주요 출판사는 아마존의 새 서비스에 전자책을 제공하지 않겠다고 밝혔으며, 다수의 메이저 출판사와 중소형 전자책 업체들은 아마존이 자금력과 시장 지배력으로 출판 시장을 독점한다고 비판했다.

아마존은 지난 수개월 동안 프랑스의 출판사인 아셰트와 전자책의 수익 배분을 두고 갈등을 빚어왔다. 아마존은 수익 배분 협상이 원하는 대로 진행되지 않자 사전 주문 기능을 아셰트의 신간에 적용하지 않았고, 이어서 아셰트 소속 작가들에게 전자책 매출 전액을 주겠다고 제안하는 등 출판업계로부터 비난을 받는 조치를 취해왔다. 아마존처럼 기업이 가격 결정권을 갖는 모델과 출판사들이 가격 결정권을 갖는 에이전시 모델 간의 충돌은 시장 질서의 주도권 문제와 직결된다.

하지만 지난 수년간 지속된 가격 결정권과 관련된 업계 내부의 격론은 전자책이 성장하는 데 걸림돌이 되고 있다. 전자책이 시장에서 빠른 성장세를 나타냄에도 불구하고 종이책의 대안으로 충분히 자리잡지 못하고 있는 것이다. 전자책 업체, 출판사, 독자들이 상생할 수 있는 합리적인 생태계 구축이 선행돼야 한다는 목소리가 높아지는 이유다.

킨들 언리미티드는 아마존이 전자책 시장을 장악하기 위한 마지막 카드다. 종이책과 전자책은 전통적인 출판 유통 구조의 범주 내에서 생태계를 구성하고 있다. 하지만 킨들 언리미티드는 유통과 소비 구조가 음원 및 영상 스트리밍 서비스와 동일하다.

디지털 콘텐츠 이용자들의 이용 패턴과 저작권자의 수익 배분 구조는 기존의 출판 유통과는 상이하다. 출판 콘텐츠 생산자의 관점에서 보면 플랫폼의 횡포라고 여겨질 만큼 디지털 콘텐츠 유통 구조에 더 밀착된 것이 킨들 언리미티드Kindle unlimited다.

그리고 전자책 시장의 경쟁자인 애플, 구글, 반스앤노블, 코보 같은 단권 판매 방식 사업자들의 틈새를 비집고 나온 오이스터Oyster와 스크리브드Scribd의 성장도 아마존을 자극했다. 서비스 출시 1년 만에 60만 권 이상의 전자책을 월 9~10달러로 무제한 이용할 수 있는 이들의 성장은 업계의 주목을 받기에 충분했다. 아마존을 견제할 수 있는 채널로 메이저 출판사들은 서브스크립션subscription(구독형 정액제) 사업자들에게 지지를 받고 있다. 아셰트와 갈등을 겪고 있는 아마존은 프라임 회원만을 대상으로 제공되는 월 한 권의 대여 모델로는 경쟁력이 부족하다고 판단했다.

플랫폼 경쟁력과 콘텐츠 소싱 역량에서 아마존의 이번 선택은 시간 문제였다. 월 9.99달러면 전자책을 마음껏 읽을 수 있으므로 전자책에 거리를 둔 기성 독자들과 책을 많이 읽지 않는 독자들에게 아주 매력적인 모델이 될 것이 분명하다. 이 모델의 핵심은 바로 유료 회원 가입자 수와 수익 배분 구조다. 약 2억 2,000만 명 이상의 회원을 확보하고 있는 아마존은 킨들 언리미티드의 가입자 수에도 자신감을 보이고 있다.

킨들이 없더라도 킨들 앱만 설치하면 각종 스마트 디바이스에서 자유롭게 사용할 수 있기 때문에 킨들 언리미티드는 서비스 확장에 유리한 구조다. 매달 수십 달러를 종이책과 전자책을 구입하는 데 지출하는 일정 수준 이상의 독자들이 이동할 가능성이 높으므로, 중장기적으로 보면 전체 도서 매출액이 줄어들 가능성이 높다. 하지만 시장 지배력을 강화하는 차원에서 자금력이 풍부한 아마존이 충분히 선택할 수 있는 전략이다.

안드로이드와 아마존 앱스토어

아마존은 안드로이드용 아마존 앱스토어를 3,800개의 앱과 함께 출시했다. 아마존의 첫 번째 킬러 콘텐츠는 〈앵그리버드 리오

AngryBird Rio〉였다. 이 게임은 당시 다운로드 1억 회를 앞둔 〈앵그리버드〉 시리즈의 최신작으로, 할리우드의 20세기폭스 사에서 제작 중인 애니메이션《리오Rio》를 원작으로 삼았다.

아마존 앱스토어는 안드로이드 마켓을 제치고 〈앵그리버드 리오〉를 독점 출시했을 뿐 아니라, 앱스토어 출시 첫날에 맞춰 단 하루만 무료로 배포했다. 최고의 인기 게임을 독점 출시하면서 '오늘만 무료'라는 혜택까지 제공한 점은 후발 주자로서 시선을 끌기 위한 최적의 선택이었다. 구글의 안드로이드 마켓과 달리 아마존 앱스토어는 애플 앱스토어처럼 제공 앱에 대한 사전 승인 제도를 적용해서 앱 품질을 유지해 나가고 있다. 또한 아마존은 경쟁사 대비 가장 저렴한 앱 가격을 고수하는 유료 앱 최저가 정책도 펼치고 있다.

아마존 앱스토어를 통해 앱을 판매하고자 하는 개발 기업들은 앱 등록 시 해당 앱의 정가를 경쟁 앱스토어보다 높지 않은 수준으로 책정하게 돼 있다. 물론 앱의 최종 판매 가격은 아마존이 결정한다.

따라서 아마존은 저렴한 가격을 강점으로 내세운 커머스 서비스에서처럼 아마존 앱스토어에서도 경쟁 앱스토어보다 저렴한 가격을 바탕으로 경쟁력을 확보하고 있다. 또한 커머스를 통해 검증된 아마존의 상품 검색, 리뷰 및 추천 기능을 아마존 앱스토어에도 적용해 앱 이용자들에게 큰 도움을 주고 있으며, 앱스토어에 등록된 앱의 수가 급증함에 따라 더 뛰어난 품질의 앱을 보다 적절한 가격으로 제공하기 위해 심혈을 기울이고 있다.

그동안 구글 안드로이드 마켓 이용자들 사이에서는 원하는 앱을 찾기 어렵고, 앱에 대한 정보가 충분하지 않다는 불만이 많았다. 이와 관련해 커머스 사업자로서 아마존이 가진 노하우는 앱스토어 서비스 차별화에 많은 도움이 되고 있다.

한편 아마존의 이와 같은 본격적인 행보에 가장 민감한 반응을 보인 쪽은 구글이 아닌 애플이었다. 애플은 아마존이 자사의 '앱스토어'라는 용어를 무단 도용했다며 공격에 나섰고, 2011년 3월 캘리포니아 연방 법원에 아마존이 '앱스토어'라는 용어를 쓰지 못하게 해달라는 내용의 소송을 제기했다.

애플은 아마존이 모바일 서비스 플랫폼에 앱스토어라는 이름을 부적절하게 사용한다고 주장하면서 앱스토어라는 이름을 사용하지 말 것을 아마존에 세 번 요청했으나 아마존은 그 요청들을 모두 무시했다. 결국 미 연방 법원은 아마존의 손을 들어주며 애플의 아마존에 대한 앱스토어 용어 사용 금지 신청을 기각했다.

아마존 앱스토어의 특징 중 주목되는 것은 테스트 드라이브 TestDrive 기능이다. 이 기능은 가입자가 앱 구매를 결정하기 전에 웹에서 30분간 앱을 사용해볼 수 있게 해준다. 테스트 드라이브는 웹페이지에서 실행되기 때문에 마우스를 이용해야 한다. 하지만 구매 전에 충분히 테스트해볼 수 있는 경험을 제공한다는 점에서 고객들에게 유용한 기능이다.

가입자의 기존 앱 구매 이력을 바탕으로 새로운 앱을 추천하는 기능도 아마존 앱스토어에서만 볼 수 있는 특징이다. 이 역시 아마존 온라인 커머스에서 제공하는 개인화된 서비스를 앱스토어로 확장한 개념이다. 온라인 쇼핑몰의 운영에서 체득한 노하우와 역량, 안드로이드폰의 시장점유율 확대 등이 향후 아마존 앱스토어의 성장에 긍정적인 영향을 미치고 있다.[7]

반면, 아마존 앱스토어의 제약 요인으로는 구글 안드로이드 운영체제에 의존함으로써 발생하는 안드로이드 마켓과의 차별화 문제와 구글의 견제가 꼽힌다. 아마존 앱스토어를 기반으로 아마존이 모바일 광고 시장을 공략하게 되면 어떤 형태로든 구글이 견제 조치를 취할 것이다.

하지만 아마존은 자체 기술을 적용해서 안드로이드 기반의 앱스토어를 구축했다. 커머스 사업에 주력해온 아마존은 애플과 구글보다 더 실용적인 결제 시스템을 갖추고 있어서 고객 편의성이 뛰어나다. 게다가 아마존은 자사가 보유한 막대한 콘텐츠를 판매하기 위해 앱스토어와 태블릿 환경에 맞춰 서비스를 개선하고 있다.

전자책 시장에서는 아마존이 상당한 주도권을 확보했지만 앱스토어, 영화, 음악 등의 콘텐츠 시장에서는 애플, 구글, 넷플릭스, 훌루, 스포티파이Spotify 등의 강력한 경쟁자들이 시장을 주도해가고 있다. 현재 이들은 치열한 경쟁을 통해 해당 시장에서 1위를 차지하기 위해 각축을 벌이고 있다. 디지털 시대인 오늘날의 산업 구조에서는 2위 업체가 살아남기 어렵다. 결국 아마존 콘텐츠 사업의 성패는 얼마나 경쟁력 있는 요금을 제시하고, 또 얼마나 편리한 방식으로 서비스를 제공하는지에 달려 있다.

7 '아마존의 콘텐츠 사업 동향과 향후 전망', 정보통신정책연구원, 공영일, 2011년 5월

안드로이드 디바이스 이용자들의 소비 패턴을 살펴보면 한 가지 흥미로운 점이 있다. 아마존 앱스토어의 사용자들이 마켓 구성이 비슷한 구글 플레이Google play의 사용자들보다 돈을 약 세 배 더 많이 쓴다는 것이다. 모바일 광고 업체 플러리Flurry에 따르면, 아마존 앱스토어는 수익의 89퍼센트가 앱 판매인 반면에, 구글 플레이는 수익의 23퍼센트 수준이다. 안드로이드 계열의 주인인 구글이 아마존에 열세를 면치 못하는 이유는 바로 '편의성' 때문이다.[8]

특히 실용적인 저가격 정책을 내세워 아마존은 유명한 앱을 체험하거나 구입하게 만들었다. 유료 앱은 안드로이드 계열의 아마존 디바이스와 연계해서 지속적인 서비스 경험을 제공하고 있다.

아마존이 앱스토어 시장에서 성공한 비결 중 주목해야 할 부분은 바로 유통에 대한 충분한 경험이다. 온라인 커머스를 통해 확보한 수많은 고객들의 이용 패턴은 다양한 앱을 적시에 추천하는 데 유용했다. 이는 애플이 애플샵을 통해 고객의 다양한 니즈를 분석하고 마케팅에 활용한 것과 유사하다. 결국, 고객 맞춤형 서비스를 통해 충성도를 높이는 사업자가 성공 가능성이 높다는 점을 인식해야 한다. 디지털 마케팅에서 가장 중요한 성공 요인으로 평가되는 인게이지먼트engagement 측면에서 앱스토어 마케팅 경쟁은 더욱 치열해질 것이다. 수많은 디지털 미디어들을 통해 연결된 소비자들은 시간과 공간의 제약 없이 서로 정보를 교환하고, 스스로 판단하고,

8 https://techcrunch.com/2012/03/30/amazons-appstore-generates-more-revenue-than-google-play/

브랜드를 변화시키기 위해 행동하기 때문이다.

아마존은 2012년 4월부터 자사의 앱스토어에서 앱 개발자가 앱에 직접 과금할 수 있게 하는 앱 내 결제 시스템in app purchase을 추가했다. 해당 결제 서비스는 온라인 아마존 계정이나 태블릿 킨들 파이어에서 설정된 계정을 이용하는데, 결제 시스템은 원클릭을 적용했다. 아마존은 유료 앱 결제 발생 시 매출액의 70퍼센트를 수수료로 가져간다. 현재 아마존 앱스토어에는 40만 개 이상의 앱이 등록돼 있고, 230여 개 국가에서 사용할 수 있다.

아마존 앱스토어의 고객 대부분은 아마존에서 쇼핑을 한 경험이 있다. 그만큼 아마존의 간편한 결제 시스템을 신뢰하고 선호한다. 아마존은 앱스토어 활성화를 위해 킨들 사업에서 선보였던 자체 제작 콘셉트를 적용했다. 바로 게임game 사업에 뛰어든 것이다.

2012년 7월 아마존은 앱스토어 분야의 경쟁력을 강화하는 측면에서 소셜 게임 플랫폼인 게임 서클Game Circle을 공개했다. 이것은 애플의 게임센터와 유사한 구조로, 다른 사용자와 게임의 업적 및 순위를 공유하는 시스템이다. 이 시스템은 아마존의 핵심으로 자리잡은 디지털 콘텐츠 생태계를 개선한 측면이 강하다.

아마존은 〈템플런Temple Run〉, 〈두들 점프Doodle Jump〉, 〈트리플 타운Triple Town〉 등 15개의 아이템을 게임 서클에 제공했고, 현재 아마존 태블릿에서만 이용할 수 있다. 클라우드 기능을 지원하는 게임 서클은 향후 다양한 디바이스에서 동기화를 통해 사용할 수 있도록 지원한다.

아마존은 웹 페이지를 통해 게임 서클의 API[Application Programming Interface]를 개방했고, 개발자들은 이를 이용해 게임 서클용 게임을 쉽게 만들고 퍼블리싱할 수 있다. 아마존은 2012년 4월부터 앱 내 구매[in-app purchasing] 방식을 도입했고, 개발자들이 내놓은 앱을 통해 고객들은 원활하게 아이템이나 게임머니 등을 구매할 수 있다.

2013년 5월 아마존 코인[Amazon coin]이 가상 화폐로 적용됐다. 아마존 고객들은 아마존 코인을 이용해 앱스토어에서 판매되는 각종 유료 앱을 구입하거나 내부 결제를 수행할 수 있다. 애플과 구글이 운영체제 차원에서 앱 내 구매 규정을 강화하고 있는 시점에서, 아마존은 내부 화폐를 도입해 해당 운영체제를 이용할 때도 불편 없이 앱을 구입할 수 있게 만들었다. 플랫폼 전쟁에서 가장 적극적인 우회 전략을 선택한 것이다. 아마존 앱스토어에서는 아마존 코인으로 유료 앱을 최대 10퍼센트 할인된 가격에 구매할 수 있다. 또한 앱 개발자들은 아마존 코인으로 결제된 금액의 70퍼센트를 얻게 된다. 미국, 영국, 독일의 사용자들도 안드로이드 스마트폰이나 태블릿을 통해 아마존 코인을 사용할 수 있다.

오디오, 비디오, 게임 사업 추진

아마존은 오디오 및 비디오 콘텐츠 서비스 부문에서도 빠르게 확장을 추진하고 있다. 이미 2008년에 오디오북 판매업체인 오더블닷컴Audible.com을 인수하면서 디지털 콘텐츠 서비스 영역을 넓히기 시작했다. 오더블닷컴은 단행본 중심의 오디오북과 오디오 신문, 오디오 잡지, TV나 라디오의 스크립션을 활용한 오디오 콘텐츠를 생산해온 업체며 아마존과 애플에 콘텐츠를 공급하면서 업계 1위를 달리고 있었다.

아마존은 종이책과 전자책의 판매뿐 아니라, 킨들의 성공적인 대중화 덕분에 오디오 콘텐츠를 적극적으로 활용하는 시스템을 구축할 수 있었다. 아마존은 여러 출판사들과의 제휴를 바탕으로 원거리 이동이 많은 북미 지역 고객들에게 높은 수준의 다양한 오디오북 서비스를 제공했다. 애플의 아이튠즈 같은 각종 오디오 플랫폼이 빠르게 성장하면서 오디오 콘텐츠에 대한 시장의 반응도 높아졌고, 클라우드 서비스 등과 같은 편의성 측면이 더욱 강화됐다.

아마존은 2013년 1월 오토립AutoRip이라는 새로운 서비스를 발표했다. 아마존을 통해 CD를 구입한 고객들에게 해당 음원의 MP3 파일을 무료로 제공하는 서비스다. 아마존은 오토립 서비스의 적용 시점을 지난 1998년으로 소급했다. 아마존이 뮤직 스토어를 처음 오픈한 시점인 15년 전부터 아마존에서 CD를 구입한 경험이 있는 모든 고객들을 대상으로 오토립 서비스를 제공하는 것이다.

2013년 2월에는 작가가 오디오북을 자체적으로 제작할 수 있는 ACX를 오픈했다. 이에 따라 책을 쓴 저자라면 누구나 쉽고 편리하게 오디오북을 만들 수 있게 됐으며, 기존 오디오북을 아마존이나 애플의 아이튠즈 등을 통해 배포하고 수익을 배분할 수 있는 시스템이 마련됐다.

2016년 6월 아마존은 누구나 월 9.99달러에 이용할 수 있는 음악 스트리밍 서비스를 선보인다고 발표했다. 이 서비스의 등장으로 미국 음악 스트리밍 시장의 강자인 스포티파이, 애플 뮤직 등과 직접 경쟁하는 구도가 펼쳐질 전망이다. 새로운 시도를 통해 아마존은 스트리밍 방식의 프라임 뮤직 서비스를 단독 상품으로 제공한다. 지금까지는 아마존의 프라임 뮤직 서비스를 이용하기 위해 아마존 프라임 프로그램 멤버십에 가입해야만 했지만, 아마존이 프라임 뮤직 서비스를 출시하면서 기존 음악 스트리밍 서비스들과의 직접적인 경쟁이 이뤄질 것으로 예상된다. 이 서비스들은 대부분 한 달에 약 10달러만 내면 수백만 곡을 무제한으로 들을 수 있는 서비스를 제공하고 있다.

아마존은 오더블의 고객을 대상으로 팟캐스트 형태의 오디오 콘텐츠 서비스를 선보였다. 아마존은 이 서비스를 월 4.95달러에 제공하고, 월 14.95달러의 오더블 가입자에게는 무료로 공급한다. 애플의 팟캐스트podcast와 유사한 이 채널 서비스는 「월스트리트저널」을 비롯해 과학 잡지 「사이언티픽 아메리칸」, 풍자 뉴스 「디어니언」 등의 인기 매체를 포함하고 있다.[9]

아마존 오더블은 애플 팟캐스트와 달리 틈새 시장인 오디오북에

9 http://news.inews24.com/php/news_view.php?g_serial=967482&g_menu=020600&rrf=nv

집중해왔다. 반면 애플은 팟캐스트를 아이튠즈를 통해 애플 디바이스 사용자에게 무료로 배포하고 콘텐츠 제공업체가 광고를 삽입해 수익을 올릴 수 있게 했다.

아마존은 최근 프라임 가입자용 패키지 상품으로 제공하던 영화 스트리밍 서비스를 개별 유료 상품으로 만드는 등 서브스크립션subscription형 유료 콘텐츠 서비스를 확대하고 있다. 결국 오디오 채널 서비스 상품도 애플 팟캐스트를 견제하고 콘텐츠 서비스의 다각화를 위한 것이다.

아마존은 2011년 2월부터 프라임 회원을 대상으로 영화와 TV쇼를 웹에서 즉시 볼 수 있는 온라인 비디오 스트리밍 서비스를 시작했다. 이로써 미국의 대표적 온라인 비디오 서비스인 넷플릭스Netflix와의 본격적인 경쟁을 선언한 것이다.

아마존은 고객들에게 총 9만 편의 영화와 TV쇼를 구입하거나 대여할 수 있는 일괄 서비스 시스템을 지원하고 있다. 서비스 등록 고객에 대해서는 아마존의 영화나 음악, 전자책 콘텐츠를 구입하지 않더라도 자사의 서버에 저장해주는 디지털 락커Digital Locker 서비스를 제공한다.

2012년 5월 아마존은 영상 제작 사업에 진출한다고 발표했다. 그동안 뉴스코프, 월트디즈니, NBC유니버설 등과의 제휴를 통해 영상 콘텐츠를 공급받던 서비스 방식에서 벗어나 직접 인스턴트 비디오를 제작하려는 전략이다.

아마존은 주로 어린이용 시리즈물이나 시트콤 관련 대본을 가진 사람들에게 자사와 협력해줄 것을 요청했다. 아마존이 공모한 대본을 평가하기 위해 온라인에 공개하고 나면, 일반인들이 최우수작을 선정하는 데 참여한다. 최종 선정작에는 5만 5,000달러가 지급되며 판매량에 따라 추가 상금도 주어진다.

채택된 대본은 아마존스튜디오Amazon Studios를 통해 영상으로 제작되고, 아마존 실시간 스트리밍 서비스를 통해 아마존 고객들에게 공개된다. 이러한 사업 전략은 넷플릭스, 유튜브, 훌루 등과 경쟁해 온라인 스트리밍 서비스 분야에서 1위를 달성하기 위한 사전 포석이다. 아마존은 개인 출판과 연계한 킨들 전자책 사업 전략과 유사한 형태로 양질의 콘텐츠 생산자와의 사업 제휴를 강화하고 있다.

아마존스튜디오는 영상물 제작에 플랫폼 시스템을 도입했다. 다수의 시나리오, 스토리 개발자, 시청자에게 열린 방식이다. 어떤 예비 작가가 시나리오, 시리즈 아이디어, 스토리 등을 올린다. 아마존의 스토리 개발 전문 스태프들은 여섯 단계를 거쳐 이를 작품으로 발전시킨다. 각 단계별로 수많은 예비 시청자들의 평가와 피드백을 받아 반영한다. 최종 선정된 작품에 대해서는 파일럿 프로그램을 제작한다. 시청자가 이를 본 후 점수를 주고, 평가하고, 최종 결정한다.

아마존은 작품 개발과 제작에 제작자-시청자의 양면 네트워크, 시청자 취향과 반응을 축적한 빅데이터 등을 적절히 활용한다. 시청자 층의 트렌드를 미리 반영해 제작하므로 실패 확률도 낮아진다. 영상 제작과 유통에 딱 맞는 크라우드 소스Crowd Source 기반 플랫폼을 구축한 것이다.

아마존의 오리지널 프로그램은 상품 분류 인스턴트 비디오Instant Video 항목에서 스트리밍으로 볼 수 있다. 아마존 오리지널 시리즈 앤드 무비즈Amazon Original Series and Movies에는 다수의 유명 시리즈물과 어린이용 프로그램이 올라와 있다. 시리즈의 에피소드 1, 2편은 대부분 무료로 제공되고, 이후 콘텐츠들은 유료로 전환된다.

2013년 6월 아마존스튜디오는 작가들을 위한 스크립트 제작 툴인 스토리텔러Storyteller를 오픈했다. 이 툴을 이용하면 텍스트와 비디오, 이미지, 오디오를 매칭시켜서 하나의 작품으로 만들 수 있다. 전자책 제작 프로그램의 경우와 마찬가지로, 이제 아마추어들도 편리하게 영상 콘텐츠를 제작할 수 있게 된 것이다.

제72회 골든글로브 시상식에서는 아마존이 자체 제작한 드라마 '트랜스페어런트Transparent'가 TV 뮤지컬코미디 부문 작품상을 차지했다.

넷플릭스도 자체 제작한 TV 드라마 '하우스 오브 카즈House of Cards'에 출연한 케빈 스페이시가 TV 드라마 부문 남우주연상을 받으며 자존심을 지켰다. '하우스 오브 카즈' 출연진이 골든글러브를 수상한 건 이번이 두 번째다. 이와 같이 넷플릭스와 아마존 등 온라인 스트리밍 업체들은 콘텐츠 제작에 적극적인 모습을 보이면서 향후 미국 미디어 업계의 판도 변화를 주도하고 있다.

2012년 8월 아마존은 게임 제작 부서인 '아마존 게임 스튜디오'를 오픈했다. 아마존이 만든 첫 번째 소셜 게임인 〈리빙 클래식〉은 페이스북 앱 센터에서도 공개되는 등 다양한 플랫폼과 연계해 아마존의 앱 경쟁력을 강화했다.

그리고 비디오게임이 관람 스포츠로 각광받고 있는 가운데, 아마존은 세계에서 가장 많은 비디오게임 관람객들이 모이는 장소를 인수했다. 2014년 8월 트위치twitch 인터랙티브를 9억 7,000만 달러에 인수한 것이다. 트위치는 비디오게임 플레이 동영상을 중계방송하고 시청할 수 있는 인기 웹사이트다. 2011년 설립된 트위치는 대중적으로 인지도가 낮은 편이지만, 미국에서 넷플릭스, 구글, 애플에 이어 네 번째로 많은 온라인 트래픽을 기록하는 사이트다.

아마존이 트위치를 인수함에 따라 웹 비디오 부문에서 아마존, 넷플릭스, 유튜브 등이 치열한 각축전을 벌일 것으로 예상된다. 트위치는 〈롤LoL〉, 〈마인크래프트〉 같은 게임이 인기를 끌면서 동반 성장했으며, 게이머들이 게임 세션을 5,500만 명이 넘는 이용자들에게 중계방송할 수 있는 툴을 개발함으로써 이용료와 광고 수익을 통해 매출을 올리고 있다. 또한 트위치는 게임 토너먼트와 음악 콘서트 등의 이벤트를 여러 이용자들이 동시에 시청할 수 있는 라이브 비디오 스트리밍 기술을 보유하고 있다.

현재 아마존은 시애틀과 캘리포니아 남부에 있는 게임 개발 스튜디오에 프로그래머를 충원하는 등 게임 산업 진출에 힘을 쏟고 있다. 아마존은 파이어TV를 보완하기 위한 신작 비디오게임 타이틀을 공개했고, 게임 컨트롤러도 자체 개발했다. 게임 플레이를 시청하는 현상은 전 세계적인 추세며, 트위치는 매달 엄청난 시간을 들여 게임 플레이를 시청하는 많은 사람들을 모아놓은 플랫폼이다.

최근 아마존은 자체적으로 온라인 광고 플랫폼까지 개발하고 있으며, 이를 트위치와 연동해 플랫폼 경쟁력과 수익성 강화에 활용할 계획이다. 플랫폼의 확장에 집중하며 투자를 아끼지 않는 아마존은 자체 제작을 통해 시장 지배력을 높이기 위해 주력하고 있다. 애플과 구글이 생각하지 못했던 부분은 아니지만, 킨들에서의 성공 경험을 활용해 먼저 치고 나갔다는 점에서 아마존은 높은 점수를 받고 있다.

5장

클라우드 제국: 신뢰받는 IT 인프라를 제공하라

클라우드 컴퓨팅과 아마존의 혁신

최고의 신성장 엔진, AWS

빅데이터 시대를 주도하는 아마존

아마존코리아의 행보와 전망

클라우드 컴퓨팅과 아마존의 혁신

클라우드 컴퓨팅cloud computing은 IT 자원을 거대한 클라우드 서버에 통합하고 개인이 필요한 만큼의 컴퓨팅 리소스를 온라인으로 이용하는 개념이다. 다양한 모바일 디바이스가 등장하고 디바이스의 상시적인 온라인 접속이 일반화되면서 온라인 네트워크 접속 상태가 전제돼야 하는 클라우드 컴퓨팅은 더욱 중요해졌다. 네트워크 인프라가 잘 구축돼 있는 국가에서는 클라우드 컴퓨팅에 대한 관심이 더욱 높아지고 있다.

클라우드 컴퓨팅은 2006년 구글의 크리스토프 비시글리아가 당시 CEO인 에릭 슈미츠에게 처음 제안한 것으로 알려져 있다. 이후 2008년 IT, 경제 분야 전문지와 대표적인 글로벌 기업의 CEO들이 잇달아 클라우드 컴퓨팅을 차기 주력 사업 아이템으로 지목하면서

클라우드 컴퓨팅에 전 세계의 이목이 집중됐다.[1]

모바일 디바이스의 보급이 확산되면서 동일한 작업 환경을 제공하는 모바일 클라우드도 업계의 주목을 받고 있다. 모바일 클라우드는 기존 클라우드 개념을 모바일 디바이스로 적용해 확장시킨 것이다. 모바일 디바이스는 개인이 보유하기 때문에 개인에 특화된 서비스와 콘텐츠를 제공할 수 있다.

개인 고객을 대상으로 하는 데이터 저장 및 공유, 음악-동영상 스트리밍, 소프트웨어 대여 등의 파생 서비스가 속속 등장하고 있으며, 특히 이동 중 사용량이 많은 콘텐츠 서비스와 모바일 클라우드의 결합이 본격화됐다.

모바일 디바이스에서도 고사양 PC 수준의 연산 처리가 가능해지면서 기존의 모바일 사용 환경과는 완전히 다른 새로운 컴퓨팅 환경이 지원되고 있다. 모바일 클라우드는 동영상, 음악, 전자책, 게임 등 모바일 콘텐츠와 연계될 때 큰 위력을 발휘한다. 클라우드가 새로운 콘텐츠 유통 채널이 될 수 있는 가능성으로 인해 콘텐츠 전문 기업은 물론 통신 사업자, 디바이스 제조사 등이 모바일 클라우드와 관련된 신규 사업을 구상하기 시작했다. 현재 클라우드 서비스에 제공되는 컴퓨팅 자원의 종류에 따라 클라우드 컴퓨팅은 크게 네 가지로 구분된다.

1. SaaS Software as a Service: 고비용의 소프트웨어 패키지를 구매하

1 '클라우드 컴퓨팅, 4대 쟁점 해부', LG경제연구원, 배수한, 2010년 10월

는 대신에 사용자들이 이용한 만큼의 비용을 지불하게 하는 소프트웨어 서비스

2. PaaS[Platform as a Service]: 플랫폼 보유사가 자사의 플랫폼 사업 영역을 강화할 목적으로 무료나 저렴한 가격으로 플랫폼 환경을 대여해주는 플랫폼 서비스
3. IaaS[Infrastructure as a Service]: 컴퓨팅 자원의 기본이 되는 저장 매체와 하드웨어 시스템, 서버 등의 기본 인프라 자원을 클라우드 형태로 제공하는 인프라 서비스
4. HaaS[Hardware as a Service]: 서버 호스팅처럼 하드웨어를 빌려주는 방식으로 서비스 제공자의 서버를 임대하는 게 아니라 이용자들에게 물리적인 서버를 설치해주고 관리해주는 서비스

콘텐츠 사업에 적용될 모바일 클라우드 요소 중에서 가장 중요한 기술 방식 중 하나는 스트리밍[streaming] 기술이다. 클라우드 기반 스트리밍은 모든 콘텐츠 재생 처리를 중앙 서버에서 수행하고 디바이스에는 그 결과만을 송신함으로써 개별 디바이스에서는 컴퓨팅 작업을 거의 수행하지 않는다.

스트리밍 서비스는 서버의 컴퓨팅 성능과 네트워크 전송 기술, 네트워크 접속 품질에만 영향을 받기 때문에 성능이 떨어지는 디바이스에서도 고화질 영화를 감상할 수 있다.

모바일 클라우드를 통해 콘텐츠를 구매하지 않고 일정 기간 대여하는 결제 모델 또한 활발하게 진행되고 있다. 또한 진보된 기술

구현을 통해 게임, 소프트웨어 등의 인터랙티브 콘텐츠도 이용할 수 있게 됐다.

아마존은 사업 네트워크 확장을 통해 기존 유통 사업을 강화하려는 목적으로 클라우드 컴퓨팅 서비스를 시작했다. 2002년 AWS의 초기 모델은 제3의 판매자가 API를 통해 아마존의 상품 데이터베이스를 활용할 수 있게 함으로써 상품 판매 채널을 확장하고자 시작했다. 이후 인프라 확보를 위한 막대한 자본 투자 없이 IT 자산의 보유를 희망하는 기업의 니즈를 파악해 자사의 IT 자산을 개방하는 방향으로 서비스가 본격화됐다.

아마존은 자사 직원들과 고객들에게 쇼핑 사이트를 통해 가상 서버와 데이터 저장 공간 등의 대규모 컴퓨팅 자원을 사용량에 비례해 지불하는 방식으로 제공함으로써, 자연스럽게 클라우드 컴퓨팅의 초기 시장을 선도했다. 2006년부터는 플랫폼 기업으로 도약하기 위해 유통 분야에서 플랫폼 분야로 사업 영역을 본격적으로 확장했다.

미국 외교 전문 공개로 파장을 일으킨 위키리크스WikiLeaks로 인해 덩달아 화제를 모은 기업도 바로 아마존이었다. 아마존은 위키리크스에 클라우드 컴퓨팅 서비스를 제공했다. 아마존이 이처럼 클라우드 컴퓨팅 서비스에 적극적으로 나서는 이유는 무엇일까? 그것은 온라인 커머스라는 자사의 핵심 사업과는 별개로 사업을 확립해서 새로운 수익원을 창출하기 위해서였다.

아마존은 2006년 3월 온라인 스토리지 서비스인 아마존 S3Simple

Storage Service를, 8월에는 가상 서버의 임대 서비스인 아마존 EC2Elastic Compute Cloud를 연이어 발표하면서 클라우드 컴퓨팅 시대를 열었다.

아마존에서는 이러한 상용 클라우드 컴퓨팅 서비스를 아마존웹 서비스AWS, Amazon Web Services라는 별도 자회사를 통해 제공하고 있다. 현재 아마존 S3, 아마존 EC2와 함께 데이터베이스 서비스인 아마존 심플DBSimple DB, 메시지 서비스인 아마존 심플큐 서비스Simple Queue Service 등이 운영되고 있다.[2]

그 외에도 데이터베이스를 손쉽게 관리해주는 '아마존 정형 데이터서비스'(2009년), 보수적인 엔터프라이즈 기업들에게 AWS의 매력을 알릴 수 있게 된 아마존 버추얼 프라이빗 클라우드VPC, Virtual Private Cloud(2009년), NoSQL 서비스 아마존인 다이나모DB(2012년), 데이터웨어하우스DW 서비스인 아마존 레드쉬프트(2012년), 클라우드 데스크톱 서비스인 아마존 워크스페이스(2013년), 실시간 대용량 데이터 처리 서비스인 아마존 키네시스(2013년), AWS IoT(2015년) 등이 의미 있는 서비스로 발전했다.

아마존은 AWS를 통해 IaaS에서 PaaS 서비스 영역으로 확장하고, AWS의 시장 확대를 위해 주요 글로벌 벤더사와 파트너십을 강화하고 있다. AWS는 웹 호스팅을 비롯해 이미지 호스팅, 백업 시스템 등으로 활용되면서 그 쓰임새가 더욱 많아지고 있으며, 다양한 고객의 업무 환경에 맞춰 이용 가능하도록 인프라를 제공하고 있다.

최근 주요 글로벌 기업들이 개인 클라우드 서비스 사업에도 적

2 『클라우드의 충격』, 제이펍, 시로타 마코토, 2009년

극적으로 진입하고 있으며, 아마존은 구글, 애플, 마이크로소프트보다 먼저 개인용 클라우드 서비스를 출시했다.

아마존의 클라우드 컴퓨팅 서비스는 이미 미국의 대형 신문사인 「뉴욕타임스」와 세계 최대의 벤처기업 주식시장인 나스닥 증권거래소가 이용하고 있다. 「뉴욕타임스」는 자사의 웹사이트에서 과거 기사를 데이터베이스화하고, 사이트를 방문한 이용자가 텍스트를 검색할 수 있게 지원하고 있다. 「뉴욕타임스」는 약 130년 분량의 신문 기사를 스캔한 1,100만 개의 이미지 파일을 온라인 스토리지인 아마존 S3에 저장했고, PDF 파일로 변환할 때 가상 서버로 아마존 EC2와 오픈소스 분산처리 프레임워크인 하둡Hadoop, High-Availability Distributed Object-Oriented Platform[3]을 이용한다.

나스닥 증권거래소의 경우 자신들이 개발한 나스닥 마켓 리플레이NASDAQ Market Replay라는 앱에서 아마존 S3를 이용하고 있다. 나스닥 마켓 리플레이는 금융 전문가들이 시장 동향을 언제든지 재현할 수 있는 시스템이다. 이 툴을 사용하면 투자자가 거래할 때의 시장 상황을 상세히 분석할 수 있다.

이 앱은 어도비시스템즈의 최신 데스크톱 앱 실행 환경인 '에어AIR'라 부르는 어도비 통합 런타임Adobe Integrated Runtime을 이용해 개발됐으며, 과거 마켓 데이터를 축적하는 과정에는 아마존 S3를 이용한다.

3 대량의 자료를 처리할 수 있는 큰 컴퓨터 클러스터에서 동작하는 분산 애플리케이션을 지원하는 프리웨어 자바 소프트웨어 프레임워크다.

이렇게 클라우드 컴퓨팅 서비스를 이용하면 과거의 데이터를 파기하지 않고 수년 치를 저장해둘 수 있다. 또한 데이터양의 증가를 미리 예측해서 대용량 디스크를 처음부터 구입할 필요 없이 실제로 이용한 양만큼 요금을 지불하면 되므로 초기 비용을 줄일 수 있다.

클라우드 서비스는 개인이 보유한 CD, 하드디스크 드라이브 등의 저장장치가 파손되거나 분실되더라도 콘텐츠를 유지할 수 있게 해주고, 온라인 접속이 가능한 곳이면 어디서나 콘텐츠 라이브러리에 접속할 수 있게 지원한다.

아마존 클라우드 드라이브는 한 계정에 최대 여덟 개의 디바이스를 등록할 수 있고 등록된 디바이스에서만 서비스를 제공한다. 또한 디바이스 종류에 상관없이 웹 브라우저만 구동된다면 어떤 디바이스에서도 스토리지에 접속할 수 있고 안드로이드용 앱도 제공한다.

아마존의 콘텐츠 유통 플랫폼 전략은 경쟁사들과는 다른 방법으로 추진되고 있다. 온라인 쇼핑몰, 킨들 사업, 앱스토어, 클라우드 서비스 등은 개별적인 사업으로 보이지만 모든 시스템은 AWS를 중심에 두고 있다.

이러한 아마존의 움직임은 수익성이 낮은 일반 상품의 판매 비중을 줄이고, 디지털 콘텐츠 사업을 확장하려는 전략적 선택이다. 아마존은 이처럼 철저한 고객 중심의 사업 전개를 통해 온라인 커머스 업계에서 최고 수준의 고객 만족도를 유지하는 대표적인 글로벌 온라인 소매 기업을 넘어, 클라우드 컴퓨팅 시장의 주도 기업이자 전자책 및 전자책 디바이스 시장의 선두 주자로서 입지를 다져 왔다.

아마존 클라우드 서비스의 성공 요인은 무엇일까? 지속적인 서비스 경쟁력 확보를 위한 노력, 광범위한 파트너십, 기존 역량의 충분한 레버리지Leverage[4]다. 아마존은 파트너와 지속적인 기술 협력 관계를 유지함으로써 신규 고객의 유입을 증대시키고 있으며, 파트너는 솔루션 판매 및 SI 서비스 제공 모델을 제시하고 있다. 아마존은 오랜 기간의 커머스 경험을 IT 상품화해 신규 매출처인 심플페이, 체크아웃, 페이먼트 서비스 등을 만들었다.[5]

2014년 프라임 회원을 대상으로 무제한 무료 사진 저장 서비스인 프라임 포토Prime Photos 서비스를 도입한 바 있는 아마존이 이번에는 일반 사용자를 대상으로 클라우드 드라이브Cloud Drive 무제한 유료 스토리지 서비스를 발표했다. 클라우드 드라이브는 5GB의 기본 저장 공간을 무료로 제공하는데, 여기에 유료 무제한 서비스를 더한 것이다.

아마존이 발표한 무제한 스토리지 서비스는 두 가지로, 사진만을 대상으로 한 언리미티드 포토Unlimited Photos와 모든 파일을 대상으로 한 언리미티드 에브리씽Unlimited Everything이다. 언리미티드 포토는 연간 11.99달러에 이용할 수 있으며 사진이 아닌 파일은 5GB까지 저장할 수 있다. 언리미티드 에브리씽은 연간 59.99달러에 이용할

4 기업이 자본의 수익을 올리고자 할 때, 자기자본에 차입자본을 이용해 자기 지분에 대한 수익을 증대시키는 것을 의미한다.

5 '해외 클라우드 컴퓨팅 활성화 사례', KT경제경영연구소, 최윤정, 노규범, 2011년 4월

수 있으며, 사진, 동영상, 문서, 음악 등 온갖 미디어 파일을 원하는 만큼 저장할 수 있다.

이 서비스들은 모두 3개월 동안 무료 평가판을 이용해보고 유료로 전환할 수 있다. 지난 2014년 발표한 무제한 무료 사진 저장 서비스인 프라임 포토는 유료 회원 서비스인 아마존 프라임 가입자에 한해 이용할 수 있었다.

최고의 신성장 엔진, AWS

2002년 아마존은 자사의 사업 부문을 감독하고 확대하기 위해 독립된 회사인 아마존웹서비스AWS, Amazon Web Services를 설립했다. 2006년 3월 14일 클라우드 스토리지 서비스인 '아마존 S3'로 본격적인 상업 서비스를 시작한 AWS는 클라우드 컴퓨팅 서비스의 대명사가 됐다. 현재 12개의 지리적 리전region, 32개의 가용 영역, 50개가 넘는 로컬 지점을 통해 190개 국가에서 AWS를 사용할 수 있다.

왜 아마존은 AWS를 시작했을까? 아마존은 대용량 웹 애플리케이션 서비스를 운영하기 위해 많은 장비를 사용하고 있으며, 이를 원활하게 운영하기 위한 기술력이 확보되자 이를 활용한 비즈니스로 AWS를 시작했다. 기존 호스팅 비즈니스와 달리, 새로운 고객에게 비즈니스를 전개하지 않아도 처음부터 담당 판매자와 어소시에이츠 프로그램 파트너들이 있었으므로 AWS 사업은 안정적으로 출발할 수 있었다.

AWS 창립 초기에 아마존은 소매 협력 기업들에게 단순한 유틸리티 서비스를 제공하기 시작했지만, 이제는 기업들과 개인들이 '아마존 가맹점'이 돼 자체 사이트를 통해 아마존의 상품을 판매할 수 있게 됐다. 아마존은 이러한 가맹점들에게 온라인을 통해 아마존의 데이터베이스(상품 설명 및 사진, 고객 리뷰, 가격, 효율적인 거래에 필요한 기타 정보들)와 연결할 수 있는 일련의 소프트웨어 도구들을 제공했다.

오늘날 아마존은 다른 모든 거대 기업들처럼 과거에 사용했던 것보다 훨씬 더 큰 컴퓨팅 및 기억 용량을 갖추고 있다. 자사의 모든 시스템이 한계에 달할 수 있을 정도의 트래픽을 처리할 수 있는 시스템을 구축하고 있는 것이다. 아마존은 클라이언트만을 위해서가 아닌 아마존 스스로를 위해 자사의 시스템을 외부에 임대했다. 이를 통해 시스템 가동률을 높이고, 컴퓨팅에 소요되는 전체적인 가격을 대폭 절감시켰다. 또한 아마존에는 마켓플레이스를 움직이는 다양한 제휴 파트너 서비스가 있다.

제휴 파트너의 매출은 전체 판매량의 26퍼센트에 해당한다. 1998년부터 시작한 아마존의 XML[eXtensible Markup Language] 기반 웹서비스 플랫폼과 제휴 모델은 지금도 AWS를 기반으로 하고 있다. AWS가 말하는 클라우드 컴퓨팅의 다섯 가지 장점은 다음과 같다.

1. 투자 비용과 운용 비용의 대체
2. 저렴한 비용
3. 향후 소요 용량의 추정 불필요
4. 신속하고 빠른 혁신
5. 차별화에 집중
6. 글로벌 사업 가능

클라우드 컴퓨팅의 핵심 가치는 결국 저렴한 비용, 융통성, 민첩성에 있다. 결국 규모가 중요한 사업이다. AWS는 스토리지, 컴퓨팅, 데이터베이스와 같은 일반적인 클라우드 서비스 외에도 콘텐츠의 전송, 네트워킹, 결제, 소프트웨어 및 기술 지원에 이르기까지 클라우드로 제공할 수 있는 모든 서비스를 지원한다.

기술의 발전을 고려하면 이제 클라우드는 선택이 아니라 의무가 됐다. 이미 삼성전자, 아모레퍼시픽, 넥슨 같은 다수의 국내 대기업들이 아마존의 클라우드 솔루션을 사용하고 있다. IT 사업을 운영하면서 서버나 소프트웨어와 같은 인프라를 갖추려면 많은 비용이 들고, 이를 관리하거나 상황에 따라 업그레이드하는 것은 큰 부담이 된다. 인프라 구축 및 관리 비용의 절약 외에 관리나 경영 측면에서도 AWS는 상당히 많은 장점을 가진다.

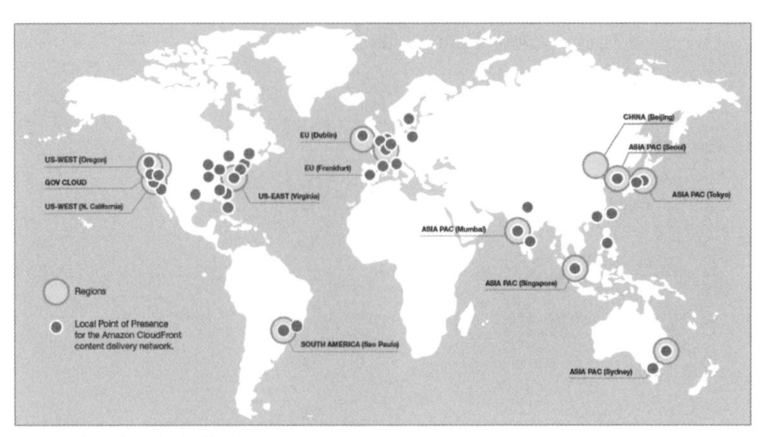

• AWS 글로벌 플랫폼 현황(출처: www.amazon.com)

AWS는 고객에게 최대한의 자유를 보장한다. 무엇보다 특정 기술을 사용하도록 강요하지 않는다. 기존의 운영체제와 프로그램을 사용해도 어떠한 차별 없이 대대적인 지원을 약속한다. 서비스 계약 면에서도 기업의 자유를 최대한 보장한다. 기존의 서비스에서는 요금을 낮추려면 꼭 장기 계약을 맺어야 했지만 AWS는 그렇게 할 필요가 없다.

AWS는 2006년부터 사업을 시작하면서 서비스 이용료를 50차례 이상 인하했다. 차별화를 통해 경쟁력을 높이고자 가격 인하를 추진한 측면도 있지만, 클라우드 사업의 규모가 확대됨에 따라 수많은 성공 경험이 쌓이고 운영이 더욱 효율화되면서 비용 절감이 가능해졌기 때문이다.

본질적으로 아마존은 유통 기업이므로 매출이 크고 수익은 적은 사업에 익숙하다. 아마존은 AWS의 이용료를 지속적으로 내리겠다고 발표하면서 경쟁자들을 강하게 압박하고 있다.

고객과의 긴밀한 협력과 분석을 통해 한층 더 요금을 줄일 수 있도록 권고하는 트러스티드 어드바이저Trusted Advisor라는 도구도 제공하고 있다. 고객들을 단순한 거래처가 아닌 파트너로 인식하기 때문에 이런 박리다매가 가능하다. 그만큼 고객이 성공해야 AWS도 성공할 수 있다는 신념이 자리잡고 있다.

AWS를 이용하는 고객은 누구일까? 현재 AWS는 1,700개의 정부 기관, 4,500개의 교육 기관, 1만 7,000개 이상의 비영리 단체를 포함해 190개 국에 걸쳐 활성화된 고객을 보유하고 있다. 단순히 이용 기업의 수보다는 얼마나 다양한 분야의 기업들이 이용하고 있는지가 더 중요하다. 미국의 나스닥과 호주의 뱅크 오브 오스트레일리아 같은 금융권, 한국의 삼성전자 같은 IT 기업, 넥슨이나 네오위즈 같은 게임 업체들도 AWS의 고객이다.

쉘shell과 유니레버unilever 등 세계 유수의 에너지 및 생명과학 분야 기업도 AWS의 고객에 포함된다. IT와 무관해 보이는 제조업이나 호텔업에서도 AWS의 고객이 되는 기업이 늘고 있다. 오토데스크나 GE, 인터콘티넨탈 호텔 같은 업체들이 대표적이다. IT와 연결된 사업이 일반화됐고, 이종 간의 협업이 점차 중요해지고 있기 때문이다.

삼성전자의 경우 스마트TV의 콘텐츠 운영 시스템을 만드는 과정에서 AWS를 이용해 3,400만 달러의 비용 절감 효과를 거두는 등

AWS에 대한 국내 IT 관련 기업과 기관들의 관심은 더욱 커지고 있으며 이에 따라 AWS를 채택하는 사례는 더욱 늘어날 것이다.

또한 세계 최대의 이벤트들 중 상당수가 AWS의 클라우드에서 진행되고 있다. 슈퍼볼이나 올림픽 등의 경기 중계방송뿐 아니라 '댄싱 위드 더 스타스Dancing with the Stars', '피어 팩터Fear Factor' 같은 대형 리얼리티 쇼 등에서도 사용자 참가나 투표 등이 AWS 클라우드를 통해 지원된다.

화성 탐사선 큐리오시티Curiosity가 화성에 착륙했을 때도 AWS 스트리밍 서비스를 이용한 생중계가 진행됐다. 또한 오바마 선거본부는 AWS 기반 위에서 18개월 동안 200개의 독특한 앱을 운영했다.

AWS는 항상 고객의 요구, 시대의 흐름에 따른 맞춤형 서비스를 제공하고 있으며, 언제나 고객을 위한 혁신을 지속하고 있다는 점에서 그 시장 지배력이 더욱 강해지고 있다. 게다가 커머스와 콘텐츠 사업에서 보여준 것처럼 아마존은 단기적인 이익보다는 장기적인 비전을 추구한다.

AWS를 비롯한 클라우드 서비스의 1차 고객은 기업이지만, 일상을 살아가는 사람들에게도 많은 영향을 미치고 있다. 현대 사회에서 클라우드 서비스의 영향력이 미치지 않는 사각지대는 거의 사라졌다. 온라인 커머스 기업인 아마존이 클라우드 서비스 기업으로 영역을 확장하는 이유다.

아마존이 기업에 임대하는 IT 서비스는 일반적인 컴퓨팅 시스템이 아니라, 현대의 온라인 컴퓨팅에 맞게 설계된 최첨단 시스템이다. 이 시스템은 높은 신뢰도, 신속한 응답 속도, 트래픽상에서 발생하는 거대한 변수를 조절할 수 있는 유연성을 갖추고 있다.

2015년 11월 기준으로 AWS를 사용하는 고객은 100만 명이 넘었다. 처음에는 가상 머신인 'EC2'와 스토리지 서비스인 'S3'가 주력 상품이었지만, 현재는 40개 넘는 서비스를 제공하고 있다. 또한 최근에는 데이터베이스나 보안, 자동화 기술 등을 강조하고 있다.

2016년 1분기 AWS의 매출액은 26억 달러로 전년 동기 대비 64퍼센트 증가했고, 영업이익률은 약 24퍼센트를 기록했다. AWS는 구글, 마이크로소프트와의 끝없는 가격 인하 경쟁 속에서도 성장세를 이어가고 있다. 이와 같은 가격 경쟁이 계속되면 결국 저마진 비용 구조를 감당할 수 있는 소수의 대형 사업자만 남게 될 것이다.

클라우드 전문가들은 2020년이 되면 AWS의 매출이 230억 달러 이상을 기록할 것으로 보고 있다. 이에 따라 AWS의 마진율은 2015년 66퍼센트에서 2020년 77퍼센트로 대폭 늘어날 것으로 전망된다. 결국 AWS가 아마존의 온라인 커머스 사업보다 영업이익에서 훨씬 더 큰 비중을 차지하게 되는 것이다.

빅데이터 시대를 주도하는 아마존

최근 10여 년 사이에 인류는 디지털 데이터가 폭증하는 '데이터 홍수' 현상에 직면하고 있다. 2010년 「이코노미스트」의 분석에 따르면, 2007년부터 전 세계적으로 생성된 디지털 정보량이 사용 가능한 저장 공간을 초과하기 시작했다. 2011년에는 제타바이트[6]의 시대로 진입했다. 디지털 공간에서의 활동이 늘어나면서 과거와는 비교할 수 없을 정도로 빠르게 데이터가 증가하고 있는 것이다.

빅데이터Big Data는 기존의 관리, 분석 체계로 감당하기 어려운 막대한 데이터를 의미한다. 당초 빅데이터는 수십에서 수천 테라바이트에 달하는 엄청난 양의 거대 데이터 집합만을 의미했지만, 최근 관련 도구나 플랫폼, 분석 기법까지 포괄하는 용어로 확장해서 통용되고 있다.

모바일 환경과 IT 산업의 발달로 인해 새롭게 창출되고 유통되는 정보들은 기하급수적으로 증가하고 있으며, 이러한 빅데이터를 어떻게 분석, 활용할 것인지에 대해 많은 관심과 투자가 진행되고 있다. 기존의 경영 정보 분석은 일정한 양식에 따라 정제된 데이터를 주로 취급한다. 하지만 웹사이트의 방문 기록, 소셜 네트워크의 정보를 망라한 빅데이터는 양식이 제각기 다르고 구조화된 수준이 낮은 편이다.

따라서 더 진보된 분산처리 기술, 정제되지 않은 막대한 양의 정

6 1제타바이트(ZB)=10의 21제곱 바이트

보를 분석하는 소셜 분석 기법 등 최신 통계 기법과 인공지능 기법 등이 필요하다. 빅데이터는 고객 정보 같은 정형화된 내부의 자산 정보뿐 아니라 외부 데이터, 비정형, 소셜, 실시간 데이터 등이 복합적으로 어우러져 구성된다.

빅데이터의 4대 특성은 규모volume, 다양성variety, 복잡성complexity, 속도velocity로 정리된다. 따라서 단순히 규모가 중요하다기보다는 원하는 가치를 얻을 수 있을 만큼의 충분한 데이터가 구축돼 있어야 한다. 소셜 네트워크를 통한 인적 관계 데이터, 위치, 행태, 인식 등과 같이 사람과 사회 현상을 이해할 수 있는 비정형의 대규모 데이터가 급속히 증가하고 있다.

대규모 데이터를 통해 특정 이슈에 대한 의미를 찾고 정보와 지식을 만들어내는 능력이 기업과 조직의 핵심 경쟁력이 됐다. 사용자의 참여와 정보 공유가 늘어날수록 지식의 가공이 중요해졌다. 또한 데이터 분석 능력은 경쟁자와의 차별화를 의미한다.

빅데이터는 잠재적 가치와 위험을 함께 가지며, 사회경제적으로 성패를 좌우하는 핵심 원천이다. 그러므로 데이터 홍수의 시대로 진입하는 현 시점에서 빅데이터에 적절히 대처하지 않으면 상당한 위험에 노출될 수도 있다.

기업들은 폭증하는 데이터를 관리하고 처리하는 데 어려움을 겪게 되고, 유용한 데이터를 선별하고 운영하고 유지하는 데 드는 비용이 증가하는 문제에 직면한다. 이처럼 빅데이터는 사회문화적인 현상에 대한 새로운 분석의 틀로 자리잡는 것과 동시에 IT 산업 전체를 뒤흔드는 과제로 다가왔다.

아마존은 사업 추진 과정에서 데이터 분석에 근거해 철저히 사업을 개선하는 데 집중한다. 데이터를 중시하는 아마존의 자세를 상징적으로 보여주는 키워드가 바로 2004년 아마존의 콘텐츠 디렉터였던 로니 코하비의 강연에서 나온 '데이터가 왕이다Data is King.'이라는 말이다.

당시 그는 "아마존에서는 데이터가 모든 것을 지배하고 의사결정을 좌우한다. 이용자의 행동 패턴과 상품 구매에 대한 데이터는 아마존이 가장 소중하게 생각하는 핵심 데이터다. 축적된 이러한 데이터들을 체계적으로 분석해 고객의 행동을 예측함으로써 재구매율을 높이는 등 개별 고객에게 최적화된 서비스를 제공할 수 있다."라고 말했다.

빅데이터라고 하면 흔히 분석만을 떠올리는데 사실 빅데이터가 곧 분석이라는 공식은 합리적이지 않다. 빅데이터는 전체적인 연결 구조로 이해해야 한다. 빅데이터 솔루션이란 데이터의 수집, 저장, 정리, 분석, 공유로 이뤄진 각각의 단계에 대해 고려해야 한다. 아마존은 무수한 데이터를 수집, 정리, 분석하고 이를 통해 도출되는 결과를 활용할 수 있는 다양한 빅데이터 서비스를 제공하고 있다.

아마존은 고객이 특정 상품을 구매할 때 추천 서비스인 '당신이 좋아할 만한 것You May Like'을 통해 서적 구입을 권유하며 수익을 크게 증가시켰다. 이처럼 아마존을 통한 상품 판매의 약 30퍼센트가 추천 서비스를 통해 이뤄진다.

아마존은 2012년 2월 NoSQL[7] 데이터베이스 서비스인 다이나모DB^Dynamo DB^를 출시했다. 이 데이터베이스 서비스는 기업들이 관리 부담 없이 간편하고 값싸게 도입할 수 있는 빅데이터 저장 분석 솔루션으로 주목된다. 아마존 다이나모DB는 엔터프라이즈 환경에 전통적 데이터베이스가 아닌 기술을 도입해 빅데이터 대응 시나리오를 실현할 수 있게 됐다.

다이나모DB 서비스의 특징은 아마존이 직접 관리하는 NoSQL 데이터베이스인 만큼 서비스 중단이나 성능 저하 없이 운영 규모를 늘리거나 줄일 수 있다는 것이다. 관리 책임을 가진 주체가 아마존이라는 점도 주목할 만하다. 앱에 따라 사용하는 DB가 자동으로 분할, 재조정하도록 서비스되고, 하둡 프레임워크 기반 대규모 데이터 분석 기능인 '아마존 일래스틱 맵리듀스', 데이터 저장 서비스인 아마존 S3와 통합돼 있다.

아마존의 경쟁자인 월마트는 지역에 따른 고객 선호도, 수요에 따른 재고 예측 조사 같은 빅데이터 분석을 통해 높은 투자 수익을 창출하고 있다. 이처럼 빅데이터는 경쟁 우위를 확보할 큰 자산이자 전략으로, 유통 기업에서도 큰 관심을 끌고 있다.

빅데이터의 진정한 가치는 사용자 분석에 기초해 개인화, 검색, 상품 추천 등으로 반영돼야 한다. 또한 빅데이터의 활용 결과는 개인화와 맞춤형 서비스 등의 사업 모델로 만들어져야 한다.

---

7 전통적인 관계형 데이터베이스보다 덜 제한적인 일관성 모델을 이용하는 데이터의 저장 및 검색을 위한 메커니즘을 제공한다.

아마존은 매일 어마어마한 양의 개인정보와 사용 패턴을 확보할 수 있다. 고객들의 개인정보를 비롯해 검색하거나 구매한 유형의 정보를 수집하며, 이러한 데이터가 축적되면서 통계화되고 고객들에게 추천 상품으로 제안된다. 추천 상품들은 대부분의 사용자들에게 95퍼센트에 달하는 만족도를 보인다는 점도 놀랍다.

아마존의 수석 과학자 출신인 안드레아스 바이젠드 스탠퍼드대 교수는 데이터를 '새로운 시대의 석유'로 비유했으며, 빅데이터를 제공받아 분석 · 가공하고 필요한 기업들에 전달해주는 '중간 도매상' 같은 기업들도 나타나고 있다. 이러한 기술 발전을 예견한 아마존은 10년 이상 세계 최고 수준의 빅데이터 분석 및 처리 역량을 보유하고 있다.

클라우드 컴퓨팅으로 촉발된 IT 사업의 변화는 매우 빠르게 진행되고 있다. 기업과 개인은 대규모의 IT 시스템을 직접 구입하거나 설치하는 대신에 필요한 만큼만 비용을 지불하고 빌려 쓰면 된다. IT 플랫폼 기업으로 확장을 지속하고 있는 아마존은 빅데이터 시대에도 높은 진입 장벽을 구축하고 있다.

아마존의 방대한 데이터는 아마존의 클라우드 시스템을 통해 빛을 발하고 있다. 매일, 매시간 쏟아져 나오는 고객과 유통 관련 데이터들은 구분 기준에 맞춰 유용하고 가치 있는 정보로 재탄생하고 있다. 아마존은 빅데이터를 기반으로 경쟁사들이 넘볼 수 없는 강력한 플랫폼을 만들 수 있게 됐다.

아마존코리아의 행보와 전망

아마존은 2012년 5월 자본금 10억 원으로 한국에 법인을 설립했다. 그 공식 명칭은 아마존코퍼레이트서비시즈코리아 유한회사 Amazon Corporate Services Korea LLC였다.[8] 주요 사업은 IT 인프라 서비스 및 컨설팅 제공이었으며, 현재는 아마존웹서비시즈코리아(이하 AWS코리아)로 법인명을 변경했다. 한국 법인은 다른 경쟁사에 비해 일찍 사업을 시작한 덕분에 협력사를 많이 확보할 수 있었으며, 현재 국내 협력사 모임인 AWS 파트너 네트워크APN, AWS Partner Network를 확장하고 있다. 클라우드 서비스로 어떻게 전환할지를 알려주는 컨설팅 분야 협력사, 각종 기술 서비스를 제공하는 기술 분야 협력사가 중심이며, 국내 수백여 개의 협력사와 함께 한국의 클라우드 시장을 협력적으로 함께 키우고 있다.

염동훈 AWS코리아 대표는 "AWS는 세 가지 가치를 중요하게 생각한다. '혁신innovation'과 '고객에 대한 헌신customer obsession', '장기 성과long term'다. AWS는 10년 전 클라우드 서비스에 가장 먼저 뛰어든 개척자다. 하지만 안주하지 않고 고객의 목소리를 들으면서 새 서비스를 내놓고 있다. 2015년에만 722개의 새 서비스를 내놓았는데, 이중 90~95퍼센트는 고객의 아이디어를 반영한 서비스다."라고 사업 방향에 대해 밝힌 바 있다.[9]

---

8 aws.amazon.com/ko

9 http://biz.chosun.com/site/data/html_dir/2016/06/28/2016062800991.html

AWS코리아에서는 매년 'AWS 서밋summit' 등 대규모 컨퍼런스를 개최하며 다양한 교육 시스템을 강화하고 있다. 2016년 AWS 서밋에서는 AWS 활용에 관한 지식과 정보를 습득할 수 있는 유료 교육 과정인 'AWS 부트 캠프'와 90여개 주제 중 원하는 주제를 무료로 실습해보는 'AWS 핸즈온 랩'이 진행됐다. 아마존은 AWS 서밋 외에도 1회 교육에 1,000명 이상이 참가하는 '어섬데이AWSome Day'를 매년 수차례 개최하고 있다.

2016년 초에는 KT와 SK브로드밴드 온라인데이터센터IDC를 빌려, 아마존웹서비스AWS '리전Region'을 개설했다. 전 세계 12번째이자 아시아 태평양 지역의 다섯 번째 AWS Asia-Pacific(Seoul) 리전이다. 아마존은 최소 두 개 이상 데이터센터를 운영할 경우 복수의 데이터센터를 합쳐 리전이라고 부른다.

AWS코리아 관계자는 "그동안 온라인 게임사를 중심으로 응답 속도를 높여 달라는 주문이 많았다. 리전을 개설한 이후 100만 분의 40~50초 정도 걸리는 온라인 게임의 응답 속도가 100만 분의 10초 수준으로 줄어들었다."[10]라고 완벽한 지원과 성장에 자신감을 보였다.

현재 AWS코리아의 정확한 매출 실적은 공개되지 않았지만, AWS는 2015년 전 세계적으로 평균 64퍼센트의 매출 성장을 기록했으며 한국에서는 이보다 더 높은 성장률을 기록한 것으로 알려져 있다. AWS코리아는 글로벌에서 경험한 다양한 구축 사례와 대규모

10 http://biz.chosun.com/site/data/html_dir/2016/05/17/2016051700521.html

이벤트, 새로운 형태의 클라우드 서비스, 탄탄한 국내 협력사와의 네트워크를 통해 압도적인 시장 지위를 이어가고 있다.

아마존은 2014년 10월 자본금 5억 4,000만 원의 아마존서비시즈코리아 유한회사Amazon Services Korea LLD를 한국 내에 별도 법인으로 설립했다. 신규 법인은 한국 판매자를 모집해 미국 아마존닷컴에 한국 상품을 판매하는 업무를 맡고 있다. 아마존은 이를 '아마존 글로벌 셀링Global Selling(해외 판매)'이라고 부른다.

이 법인은 주로 아마존의 FBAFulfillment By Amazon[11]를 활용한 해외 진출 전략에 대해 파트너들과 협력하고 있다. FBA는 아마존의 자체 유통지원센터와 계약한 기업들을 대상으로 물류 배송, A/S, 교환, 반품 등을 대행하는 프로그램이며 고객 문의, 주문 접수 처리 등 전반적인 고객관리 서비스도 제공한다. 아마존 FBA를 이용하는 기업들은 프라임 회원들에게 무료 배송 서비스를 제공한다. FBA는 물류 배송 창고에 입고되기까지의 비용, 관세, 통관 등에 대한 전체 서비스를 제공하고, 일정 금액의 이용료와 별도의 수수료를 파트너에게 부가한다.

아마존은 클라우드 부문에 이어 커머스 부문에서도 한국에 진출했다. 한국의 상품을 해외로 판매하는 방식이지만 커머스에 대한 본격적인 시도임은 분명하며, 일단 한국 내에서 직접적인 사업 추진은 힘들다고 판단한 것 같다. '유통 공룡'으로 불리는 아마존이지만, 할인 정책이나 무료 배송 등 자사가 지닌 서비스적인 강점을 이

11 http://www.amazon.com/gp/help/customer/display.html?nodeId=200229160

미 한국의 대형 사업자들도 유사하게 활용하고 있기 때문이다. 신세계, CJ, 인터파크, 이베이, 쿠팡 등이 참여하는 한국의 경쟁 구도는 다른 국가의 커머스 환경과 비교할 때 매우 치열하다. 또한 후발주자 관점에서 볼 때 시장 규모도 투자 가치가 적은 편이며, 아마존의 국내 고객 기반도 취약하다고 볼 수 있다.

이런 상황에서 아마존이 대대적으로 한국에 진출한다면, 콘텐츠 부문에서 활로를 찾을 수 있다. AWS코리아를 통해 B2B 파트너십을 구축했고, 전자책 · 음원 · 영상 · 게임 등 미디어 콘텐츠가 풍부하기 때문이다. 커머스 부문은 제반적인 구매 프로세스 구축, 유통 지원센터 설립, 대대적인 마케팅 비용 등 안정적인 시장 진입까지 많은 투자가 필요하다. 상대적으로 콘텐츠 부문은 분야별로 파트너의 숫자가 일반 상품에 비해 적고, 기존의 해외 법인에서 운영하는 시스템을 그대로 적용할 수 있다. 최근 3~4년 사이에 설립한 아마존의 해외 법인들 역시 콘텐츠 부문을 우선해서 진출했다는 점도 고려해야 할 사항이다.

한국 내 고객 기반이 취약하다는 점도 콘텐츠를 통해 빠르게 극복할 수 있다. 매우 편리한 온라인 환경을 갖춘 데다가 스마트 디바이스의 보급률도 매우 높기 때문이다. 한국 이용자들의 콘텐츠 소비 패턴을 볼 때 아마존의 고객화는 생각보다 어렵지 않을 것이다. 2016년에는 세계 최대의 온라인 기반 동영상 서비스 기업인 넷플릭스[Netflix]가 한국에도 정식 진출했다. 이런 흐름을 감안하면, 한글로 된 양질의 콘텐츠는 아마존의 글로벌 판매에 활용될 수 있을 것으로 기대된다. 무엇보다 아마존은 서비스 이용료가 저렴하고 편리한 지원 시스템 등을 갖춰 서비스 인프라 측면에서 국내 사업자들보다 우위에 있다는 점이 매력적이다. 아마존의 콘텐츠와 커머스 사업을 기다리는 잠재적인 팬들의 규모도 무시할 수 없는 수준이다. 아마존이 한국에서 사업 분야를 언제, 어떤 방식으로 확대할지 주목해 본다.

6장

플랫폼 제국을 위한 끝없는 도전

사물인터넷의 확장, 대시와 알렉사

홈 서비스 플랫폼과 에코

드론 배송의 혁신, 아마존 프라임 에어

소셜 리딩의 선두 주자, 굿리즈

O2O와 옴니채널 플랫폼, 아마존북스

사물인터넷의 확장, 대시와 알렉사

모든 것을 연결하는 콘셉트인 사물인터넷IoT, Internet of Things에서 성장 동력을 찾는 IT 기업들이 늘어나고 있다. 사람과 사물, 사물과 사물이 연결되는 '초연결 사회'가 만든 현상이다. 사물인터넷은 단순히 사물들을 온라인에 연결하는 것이 아니라, 현실 세계physical world와 가상 세계virtual world를 연결하는 개념이다. 구매 과정을 포함하든 그렇지 않든, 사물인터넷 서비스가 온라인과 오프라인이 마치 하나인 것처럼 결합하는 모습은 O2OOnline to Offline와 궤적을 같이하고 있다.

2014년 4월 아마존은 독특한 쇼핑 도구인 대시dash를 공개했다. 짧은 막대기처럼 생긴 대시는 식료품과 생필품들을 빠르게 배송해주는 '아마존 프레시'와 연결되는 디바이스다. 대시는 바코드와 음성을 통해 상품을 인식하고, 아마존에 곧바로 주문까지 해준다. 아마존은 시범 서비스 방식으로 로스앤젤레스와 샌프란시스코 지역에서 초대장을 받은 일부 이용자들을 대상으로 대시에 대한 테스트를 진행했다.

아마존 프레시로 주문한 상품은 24시간 이내에 배송되기 때문에 집에서 필요한 상품들을 쉽고 빠르게 구입할 수 있다. 아마존이 공개한 영상을 보면, 냉장고나 찬장을 잘 정리함으로써 마치 바코드 기반 POS로 재고를 관리하는 것처럼 쓸 수도 있다.

아마존은 2015년 3월 대시 버튼dash button을 처음 선보였다. 대시 버튼은 5,000원대 가격으로 구입할 수 있고, 스마트폰만 있으면 바로 시스템을 구축할 수 있다. 그리고 각종 일상용품을 재주문할 때 대시 버튼을 눌러 간편하게 상품 주문을 완료할 수 있다. 대시 버튼이 시중에 처음 등장했을 때는 얼리어답터들이 선호하는 분위기였다. 이후 아마존은 대시 버튼을 일반 소비자들에게 확산시키기 위해 심혈을 기울였다.

2015년 7월부터는 대시 버튼 판매가 모든 프라임 회원으로 확대됐다. 기저귀, 면도날, 생수 등을 손쉽게 주문할 수 있는 대시 버튼을 이들에게 개방한 것이다. 대시 버튼은 아이들이 장난으로 누르는 경우처럼 의도치 않게 주문하는 상황을 막기 위해 한 번에 하나의 주문만 승인되고 주문 직후 취소가 가능한 이메일을 곧바로 발송하는 정책으로 운영된다.

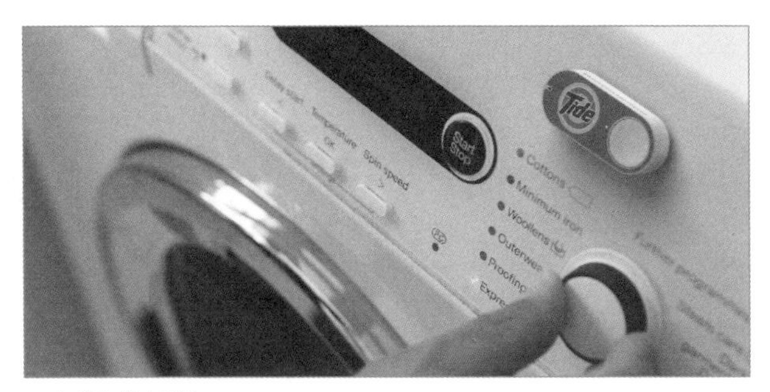

● 아마존 대시 버튼

아마존은 버튼 방식 외에 프린터 토너, 디바이스 필터 등의 소모품이 자동으로 주문되는 대시 리플레니시먼트 서비스Dash Replenishment Service도 운영하고 있다. 또한 아마존 에코 커넥티드 스피커를 이용하면 사용자가 간단한 음성 명령으로 재주문할 수도 있다. 하드웨어 측면에서 아마존 대시에는 한계도 있다. 배터리 수명의 문제인데, 대시 버튼은 1,000번 정도 누르면 교환해야 하며 배터리는 충전할 수 없다.

아마존 클라우드 사업 부분인 아마존웹서비스AWS는 개발자 또는 사물인터넷에 관심 있는 이들이 다양한 분야에 적용해볼 수 있는 프로그래머블 대시 버튼인 AWS 사물인터넷 버튼을 공개했다. 아마존 대시 버튼은 세제나 치약 등 아마존이 승인한 아이템을 재주문할 때만 사용됐지만, 프로그래머블 대시 버튼의 공개로 보다 다양한 분야에 활용 가능할 것이다. 트위터, 슬랙, 페이스북, 우버 등 다양한 서비스 API와의 통합도 가능하다.

아마존은 보다 본격적으로 사물인터넷 에코시스템을 강화하기 위해 AWS를 활용하기 시작했다. 이를 위해 아마존은 기업들이 자동차, 터빈, 센서 그리드, 전구 등 각종 디바이스를 AWS 서비스에 연결해 세계 전역의 커넥티드 디바이스에서 생성되는 대용량의 데이터를 저장, 처리, 분석, 실행할 수 있게 해주는 'AWS IoT' 플랫폼을 발표했다. AWS IoT는 연결된 디바이스가 쉽고 안전하게 클라우드 앱이나 다른 디바이스와 상호작용할 수 있도록 해주는 관리형 클라우드 플랫폼으로 진화할 것으로 예상된다.

대시 버튼은 그 자체로 보면 특별한 기능을 가지지 않는다. 한 번 누르면 아마존에 주문이 전달되고 결제와 배송이 한 번에 이뤄진다. 대시 버튼은 간편 결제를 오프라인 환경에서 구체화했다는 점에서도 의미가 있다. 온라인의 주문-결제 시스템이 오프라인에서도 즉시성을 발휘하도록 만든 것이다. 기술의 진화보다는 간단한 아이디어를 통해 활용성을 넓혔다는 점에서 고객들의 반응이 갈수록 좋아지고 있다.

대시 버튼이 다루고 판매하는 상품은 '정기 구매 상품'이자 '저관여 상품'으로서의 특징을 주로 나타낸다. 즉 세제, 커피 원두, 토너 등과 같은 생필품 상품군으로, 구입할 때마다 크게 고민하지 않으며 매번 같은 상품을 구매하는 게 편하다고 느끼는 상품들 위주다.

대시 서비스와 대시 버튼은 인간의 '인지적 구두쇠 현상'을 활용한 서비스로, 아마존의 대표적 특성이다. 인지적 구두쇠 현상이란, 인간은 생각하는 데에 많은 에너지를 쓰기 싫어하며 되도록 깊이 생각하지 않고 판단하는 것을 의미한다. 다시 말해, 어떤 선택을 할 때 1~2개의 정보만으로 빠르게 처리하려는 행동적 특성이다.[1]

아마존의 대시 라인업은 사물인터넷 기술과 결합돼 제공되는 O2O 서비스로, 보다 첨단화된 O2O 전략이자 좋은 사례다. 아마존은 계속해서 대시 버튼 라인업을 확장할 계획이다. 이를 통해 자사와 파트너 기업들은 브랜드 충성도를 높일 수 있고, 고객들은 좀 더 편리하게 주문을 마칠 수 있기 때문이다. 단순히 상품을 전달하는 시스템이 아닌 접점이 정확한 마케팅 도구로서의 기능도 충분하다.

홈 서비스 플랫폼과 에코

2015년 4월 아마존은 생활 편의 향상에 중점을 둔 홈 서비스Home Services를 미국 전 지역을 대상으로 선보였다. 이것은 전기공, 요가 강사, 집 청소, 카스테레오 설치 등 다양한 서비스 제공자와 고객을 연결해주는 일종의 중개 서비스다.

이후 아마존은 그동안 조용히 홈 서비스를 확장했고, 홈 서비스를 통해 제공되는 서비스 종류는 200만 개에 이른다. 홈 서비스는 물리적 상품을 판매하는 기존 아마존 거래 방식과 유사하다. 서비스 제공자들이 분야별로 가격, 등급 등을 매겨 경쟁하는 방식이다. 홈 서비스에 대한 아마존의 수수료율은 서비스 건당 10~20퍼센트

1 『Day 1』, 김지헌 · 이형일, 북스톤

정도다.

홈 서비스는 사람과 사람을 연결하는 사업 모델이며, 단순한 욕구를 빠르고 정확하게 해결해줄 수 있다. 그만큼 해당 사업자에 대한 신뢰도 더욱 높아진다. 아마존은 가장 밑바닥에서부터 고객들의 마음을 읽고 있는데, 홈 서비스의 전면적인 확대는 라이프 커머스Life commerce 관점으로 해석할 수 있다. 매일 고객의 일상생활에 필요한 서비스를 구입할 수 있다는 점에서 그렇다. 홈 서비스를 통한 데이터는 타 분야와의 추천 마케팅을 연결하는 매개 역할을 한다.

페이스북, 구글, 애플, 마이크로소프트, IBM, 알리바바 등 IT 업계 거인들이 공통적으로 주목하는 분야는 인공지능과 사물인터넷이다. 이들을 하나씩 떼놓고 보면 플랫폼의 형태가 잘 드러나지 않는다.

하지만 이를 연결해서 보면 디지털 모바일 사업의 지향점이 보인다. 바로 인공지능을 이용한 '디지털 어시스턴스digital assistants'다. 2014년 11월 아마존은 스마트홈 디바이스 시장으로의 진출을 선언하고, 블루투스 스피커인 에코echo를 출시해 디지털 어시스턴스 분야를 선점하고자 시도했다. 에코에는 음성인식 기술인 알렉사Alexa가 탑재돼 블루투스bluetooth[2]와 와이파이Wi-Fi를 통해 가정 내의 다양한 디바이스들과 연동되며, 음성 지시만으로 온도와 가스 등을 제어하고 가전 제품을 작동시킬 수 있다.

2 1994년 에릭슨이 최초로 개발한 개인 근거리 무선 통신을 위한 산업 표준이다.

알렉사 패밀리

에코를 통해 피자, 과일, 의류 등의 상품을 주문할 수도 있고, 음악을 재생하거나 원하는 영화 또는 드라마를 감상할 수도 있다. 날씨나 미세먼지 농도에 대해 질문하면 바로 현 상황을 알려준다. 정가는 199달러지만 프라임 회원은 99달러에 구입할 수 있으며, 이미 300만 대 이상의 판매고를 올렸다.

에코의 핵심은 아마존웹서비스에서 돌아가는 클라우드 기반의 학습 기능Self-Learning이다. 사용자가 에코를 많이 쓰면 쓸수록 사용자의 말하기 패턴speech patterns, 어휘vocabulary, 개인적 선호personal preferences 등을 잘 파악해 더 나은 서비스를 지원하게 된다. 이 점이 매우 중요하다.

에코는 무선통신 연결로 클라우드에 접속하는 사물인터넷 기술을 탑재한 스피커로, 일곱 개의 마이크가 달려서 어느 방향으로부터 목소리가 들려오더라도 잘 인식할 수 있다. 이 스피커로 음악을 재생 중이더라도 노이즈 캔슬링noise cancellation 기능을 이용하면 사용자의 명령을 쉽게 인식할 수 있다.

아마존은 디지털 어시스턴트인 '에코'를 중심으로 스마트홈 시장을 빠르게 공략하고 있다. 2016년 3월에는 에코 탭echo tap과 에코 닷echo dot을 동시에 선보였다. 에코 탭은 알렉사 기능을 탑재한 휴대용 스피커다. 에코 닷은 기존 에코의 필수 기능을 저렴하게 활용 가능한 장점을 내세웠으며, 프라임 회원 전용이다. 또한 간편 주문은 기본이고, 다양한 디지털 콘텐츠의 활용도 지원된다. 아마존의 이러한 시도에서 엿볼 수 있듯이, 현재 스마트홈 시장은 개인이든 다인 가구든 안정적인 수요 창출이 가능할 것으로 기대된다.

아마존 에코는 전자책 단말기인 킨들과 태블릿인 킨들 파이어, 스마트폰인 파이어폰에 이어 아마존이 출시한 네 번째 스마트 디바이스다. 이 제품의 출시는 스마트홈smart home 플랫폼 구축을 위해 생활 밀착형 디바이스와 서비스의 개발에 주력하고 있는 아마존의 현주소를 보여준다.

아마존 에코가 몸통이라면 알렉사는 머리 역할을 한다. 알렉사의 인공지능은 산업의 생태계와 함께 빠르게 성장하고 있으며, 1,000개 이상의 스킬을 보유하면서 고도로 지능화되고 있다. 아마존 알렉사는 아마존 에코, 아마존 파이어TV, 아마존 탭 등을 위한 클라우드 기반 가상 비서다. 아마존은 외부의 전문 파트너가 알렉사에 새로운 스킬을 추가할 수 있도록 개방하고 있다. 알렉사의 스킬 개발에는 캐피털원, 도미노, 핏빗, 카약, PGA투어, 삼성 스마트씽스, 우버 등이 참여하고 있다.

알렉사는 AWS와 긴밀하게 연결돼 있다. AWS 람다AWS Lambda가 큰 역할을 맡고 있는데, 이 서비스는 인프라 자원을 별도로 할당하지 않고 코드를 바로 실행할 수 있다. 아마존은 알렉사를 이용한 소프트웨어 · 서비스 · 상품의 개발을 장려하기 위해 알렉사 펀드Alexa fund로 1억 달러를 지원했다.[3]

CES 2016에서 발표된 아마존 알렉사와 포드자동차의 결합은 아주 기대되는 제휴다. 이제 자동차 산업은 IT와의 결합 없이는 생존이 불투명한 상황이다. 포드자동차는 아마존과 협력해 '스마트카-스마트홈' 연동 기술을 개발한다고 밝혔다. 포드는 인포테인먼트 시스템 싱크SYNC 3세대 버전과 아마존 에코echo를 연결해 스마트홈을 구축한다.

사용자는 말로 명령을 내려 차량의 시동을 걸거나 잠금장치를 작동시킬 수 있다. 전기차의 배터리 충전 상태, 주행 가능 거리, 주행기록 등도 확인할 수 있다. 또한 차량 내에서는 싱크에 설치된 앱 '알렉사'로 에코에 연동된 가전 제품, 현관문 등을 작동시킬 수 있다.

최근 제프 베조스는 「리코드Re/code」의 '코드 컨퍼런스'에서 "알렉사 인공지능과 아마존 에코의 개발 인력으로 1,000명 이상을 보유했지만, 이는 빙산의 일각이다."라고 말하면서 자신감을 나타냈다. 라이프 커머스와 스마트홈 사업에서 아마존은 차별화된 경쟁력을 신속히 갖추고 있으며, 기존에 보유하고 있는 검색-인공지능-디바이스 R&D 역량을 결집하면서 디바이스 출시에 박차를 가하고 있다.

3 https://developer.amazon.com/AlexaFund

드론 배송의 혁신, 아마존 프라임 에어

드론Drone은 자체 동력을 갖춘 무인 항공기를 말한다. 아직까지는 주로 군사용 목적으로 이용되고 있으며, 도로 환경에 제한받지 않고 정해진 시간에 정확하게 물건을 배송할 수 있다. 따라서 드론은 사람이 직접 가기 어려운 곳에도 쉽게 접근할 수 있다.

최근 들어 그 상업적 활용 가치가 부각되면서 아마존, 구글, DHL 등 여러 업체들이 드론 사업에 뛰어들고 있다. 구글은 비밀연구소인 '구글X'를 통해 2012년부터 '프로젝트 윙Project Wing'을 추진해왔다. 구글의 드론은 의약품 등 긴급 구호 물자를 필요한 곳에 신속히 배달하는 게 주된 목적이다. 하지만 구글도 드론을 통한 배송 서비스에 뛰어들 것이라는 전망이 지배적이다. 구글 쇼핑을 통해 아마존과 당일 및 신선 배송 부문에서 치열하게 경쟁하고 있기 때문이다.

아마존은 상업용 드론을 상용화하는 데 가장 적극적인 움직임을 보이고 있으며, 2013년에는 '프라임 에어'를 발표했다. 자체 개발한 옥토콥터Octocopter를 통해 상품 구매 직후 물건을 배송하는 시스템으로, 유통지원센터를 중심으로 반경 16km 지역 내에 최대 5파운드(약 2.3kg) 이하의 물건을 30분 안에 배송하는 모델이다. 아마존은 영국에 이를 위한 연구 개발 센터를 세우고 실험을 계속 추진했다.

로봇 이코노믹스의 콜린 루이스는 아마존이 드론 배송을 본격적으로 시작할 경우 배송 비용을 크게 줄일 수 있다고 전망했다. 그는 "현재 아마존의 건당 배송 비용은 약 2~8달러로 추정되지만, 드론을 활용할 경우 배송 비용은 최저 수준인 2달러까지 떨어지게 될 것"이라고 내다봤다.[4]

● 아마존 프라임 에어

2015년 프라임 에어의 특허 내용이 미국 특허상표청에서 승인을 받으며 공개됐다. 각 드론은 주문자가 가지고 있는 스마트폰 등 모바일 디바이스의 GPS 정보를 수신해 이를 기반으로 목표 위치를 파악한 후 상품을 배송한다. 따라서 주문자가 어디에 있든 실시간으로 상품을 받아볼 수 있다. 배송에 사용되는 드론은 날씨나 교통 상황, 장애물 등 배송 환경에 대한 정보를 실시간으로 업데이트하고, 그 데이터들을 다른 드론과 공유한다. 이렇게 수집된 종합 정보를 통해 적합한 운송 경로를 설정하고, 드론에 부착된 카메라와 각

4 https://robotenomics.com/2014/06/17/the-economics-of-amazons-delivery-drones/

종 센서를 활용해 장애물이 없는 안전 지역을 찾아낸다.

장애물에 대응하고 자동으로 착륙하는 등의 감지 및 회피 기술을 확립하는 것은 드론 배송에서 매우 중요한 과제다. 단 한 건이라도 사고가 나면 이 새로운 산업이 큰 타격을 받을 수 있기 때문이다. 따라서 아마존은 안전성이 확인될 때까지 실험과 개선을 지속하고 있다.

아마존은 프라임 에어 계획을 발표한 뒤 미국 연방항공청FAA 등 각국 규제 관련 부서와 드론 비행에 대한 법적인 문제를 해결하기 위해 노력했다. 아마존은 '프라임 에어'의 운행 안전성을 확보하기 위해 구체적으로 드론 조정 경력 5년 이상을 명시하며 드론 조종사를 채용하고 있다.

아마존은 드론이 자신의 위치를 인식할 수 있도록 주유소나 착륙 구역, 휴대전화 기지국 등에 발신기를 설치하는 방안을 검토하고 있다. 또한 GPSGlobal Positioning System가 닿지 않는 지역에서도 비행할 수 있도록 전파 경유지도 운영할 계획이다.

2016년 6월 미국 연방항공청FAA이 상업용 드론에 대한 운행 규정을 확정했다. 모든 드론이 조종사의 시야 안에 있어야 하며 보조장치의 도움 없이도 드론을 직접 볼 수 있어야 한다고 지정했다. 또한 드론의 최대 속도는 시속 100마일, 최대 고도는 400피트로 제한하고, 보호받지 못하는 사람들의 머리 위로 날 수 없도록 했다. 결국 가정집 위로는 드론이 다닐 수 없게 된 것이다.

이 규정은 기업들의 기대와 상반된 내용이라서 아마존의 상업용 드론 배송 사업은 사실상 불가능해진 것으로 분석된다. 그렇지만 아마존의 도전 정신은 멈추지 않아서 현재 드론 배송 관련 특허 출원과 기술 테스트가 계속되고 있다.

2016년 7월 아마존은 드론을 머물게 할 수 있는 '도킹 스테이션'에 관련된 특허를 취득했다. 아마존의 도킹 스테이션은 무인 비행기들이 더 먼 거리를 비행하게 해주고 악천후를 피할 수 있는 장소를 제공하는 등 다양한 특성을 가지고 있다. 도킹 스테이션에서 드론들은 배송 도중 배터리를 충전하고 배송 데이터를 공유할 수 있다. 또한 도킹 스테이션은 배송 상품을 다른 드론에게 전달해주는 중간 정거장으로도 활용될 수 있다.

이를 위해 아마존은 각각의 드론 둥지와 교신할 수 있는 중앙 관제 시스템도 만들 계획이다. 드론 둥지가 설치된 지역에서는 무료로 무선 온라인을 제공할 수도 있고, 광고판을 활용해 신규 수익을 창출할 수도 있다. 아마존은 끝없는 도전과 실험 정신을 통해 시장의 변화를 일으킨 많은 경험을 갖고 있다. 드론 배송 사업도 여러 난관들을 거치고 있지만 상용화될 날이 그렇게 멀지는 않은 것 같다.

소셜 리딩의 선두 주자, 굿리즈

2013년 3월 출판업계에서는 역사적인 합의가 이뤄졌다. 소셜 리딩의 베스트 모델인 '굿리즈Goodreads'를 아마존이 인수한 것이다. 당시

1,600만 명의 회원과 3만 개의 북클럽이 운영되던 굿리즈는 독자들이 만들어간 최고의 북 커뮤니티로 성장했다. 굿리즈의 도서정보는 아마존 DB를 API로 사용해왔으므로 이미 둘의 관계는 좋은 편이었다.

아마존이 책을 좋아하는 사람들과 보다 더 친밀한 관계를 맺고 굿리즈를 통해 도서 판매를 하는 등 자사의 사업과 굿리즈 회원을 직접 연계하는 데 인수의 목적이 있었다. 굿리즈의 창업자인 오티스 챈들러도 아마존과의 협상 결과에 만족을 표시하면서 시너지 효과가 상당할 것으로 전망했다.

"플랫폼을 가진 기업이 시장의 룰을 지배한다."라는 말처럼 제프 베조스는 모든 사업 영역에서 플랫폼의 중요성을 강조했다. 온라인 서점으로 시작한 아마존이 세계 최고의 기업으로 성장할 수 있었던 것은 강력한 플랫폼이 되기 위해 핵심 역량을 집중했기 때문이다. 플랫폼은 이용자가 상품과 서비스를 접할 수 있는 전체 구조를 의미한다.

대부분의 플랫폼은 거래를 목적으로 시스템이 구성돼 있지만, 이용자 커뮤니티가 제대로 연계되지 않으면 폭발적인 성장을 기대하기 어렵다. 플랫폼이 제대로 운영되기 위해서는 이용자의 지속적인 선택과 활동이 필요하다. 출판을 기준으로 생각하면, 독자가 관심을 가지고 적극적인 활동으로 이어지게 하는 구조가 만들어져야 한다.

소셜 네트워크와 모바일 서비스가 일반화되면서 독자들은 그만큼 스마트해지고 있다. 또한 오프라인과 온라인을 넘나들면서 책을 고르고 구입하고 공유하는 활동이 매우 편리한 소비 환경을 접하고 있다.

스마트 디바이스를 통해 채널과 포맷을 자발적으로 선택할 수 있는 기회를 갖게 되면서 독자들은 하이브리드hybrid형 독서를 즐기고 있다. 이제 완성된 책의 형태가 아니라, 연재 방식이나 짧은 시간 동안 가볍게 콘텐츠를 이용할 수 있는 스낵 컬처snack culture가 큰 인기를 얻고 있다.

● 굿리즈 홈페이지 화면(출처: www.goodreads.com)

독자를 중심에 두고 책의 발견성과 연결성을 강화해야 한다는 목소리가 거세지는 이유도 바로 이것 때문이다. 독자의 선택지가 넓어졌다는 측면에서 제대로 된 추천과 책을 이야기할 수 있는 편안한 공간의 필요성도 높아졌다. 이러한 상황을 충족시킬 수 있는 대안으로 주목받는 것이 바로 소셜 리딩social reading 플랫폼이다. 나만의 독서가 아닌 우리들의 독서로 확장된 생태계가 점차 발전하고 있으며, 이를 위한 여러 플랫폼 중에서 굿리즈가 대표적인 성공 모델로 평가받고 있다.

굿리즈의 미션은 '사람들이 좋아하는 책을 발견하고 공유할 수 있도록 하는 것'이다. 현재 굿리즈는 회원 수가 총 5,000만 명, 추가된 책의 수가 15억 권, 등록된 리뷰 수가 5,000만 건에 달할 만큼 세계 최대 규모의 독자 회원을 보유한 책 추천 웹사이트로 성장했다. 굿리즈는 2009년부터 회원들이 선정하는 '올해의 책'이라는 타이틀로 연말 이벤트를 진행한다. 이 이벤트에서 회원들은 분야별로 직접 우수 도서를 평가하고 종합 목록의 형태로 그 결과를 발표한다. 아마존은 독자들이 선택한 이 신뢰성 높은 종합 목록을 출판 마케팅에 적극적으로 활용하고 있다. 굿리즈의 '올해의 책'은 출판사와 서점이 스스로 만들기 어려운 독자가 주도하는 이벤트라는 점에서 매력도가 더욱 높아지고 있다.

5,000만 개의 리뷰를 달성한 굿리즈의 성과는 책벌레형 독자들의 지속적이고 자발적인 참여 덕분에 가능했다. 전체적인 독서율은 떨어지고 있지만, 여전히 책을 좋아하는 사람들이 열정적으로 활동하고 있는 것이다. 오티스 챈들러가 그간의 소회를 밝혔던 이야기 중 맨 마지막 문장은 "해피 리딩!Happy Reading!"이었다. 독자들이 편리하게 사용할 수 있는 플랫폼을 제대로 갖추면 저자와 출판사, 서점, 도서관이 자연스럽게 연결되는 네트워크가 생성된다.

아마존의 인수 이후, 굿리즈는 단순한 온라인 독서 커뮤니티를 넘어 출판 콘텐츠 사업의 기반으로 성장했다. 굿리즈 회원들을 대상으로 한 저자와 출판사의 특별 이벤트가 등록되고, 오디오북 샘플을 활용해 책 소개도 들을 수 있다. 전용 앱을 통해 모바일에서도 편리하게 이용할 수 있으며, 아마존 킨들에서도 'g' 버튼이 상단 내비게이션에 위치하고 있으므로 쉽게 연동할 수 있다.

최근 굿리즈의 데이터는 오프라인으로 네트워크를 확장했다. 2015년 11월 미국 시애틀에서 문을 연 오프라인 서점 아마존북스가 도서를 진열하는 기준에는 굿리즈에서 언급되는 비율이 아마존 독자 평점, 판매량, 큐레이터의 평가와 함께 포함됐다. 온라인에서 발생하는 독자들의 반응을 종합적으로 분석해 오프라인에 보여준다는 점에서 소구력은 더욱 높아졌다.

모든 책에 독자들이 편리하게 접근할 수 있는 플랫폼이 각광받고 있으며, 저자와 출판사는 이러한 플랫폼을 가장 효과적으로 활용할 수 있는 방법에 대해 고민하고 플랫폼 사업자와 적극적으로 커뮤니케이션해야 한다. 신뢰를 기반으로 하는 협업을 통해 출판 마케팅은 기대 이상의 성과를 창출할 수 있다.

출판 플랫폼은 언제 어디에서든 접근할 수 있는 형태로 구축해야 한다. 온라인과 모바일이 오프라인에 연결되는 O2O[Online to Offline] 채널도 충분히 고려해 사업을 추진해야 한다. 수많은 저자와 독자는 다양한 마케팅 접점을 통해 출판 콘텐츠를 발견해내는 역량을 높일 수 있다.

이를 위해 무엇보다 다양한 소셜 플랫폼을 통한 독자들과의 지속적인 커뮤니케이션이 필요하다. 생산자와 고객 모두 어떤 곳에 비용과 시간을 투자할 것인지 고민해야 한다. 오프라인에서 온라인으로, 그리고 이제 모바일로 출판 마케팅의 채널은 확장되고 있다. 결국 독자를 중심에 세워야 한다. 책을 좋아하는 독자는 더 좋아하게 만들고, 무관심한 독자들에게는 책과 연결되는 매개점을 지속적으로 제공해야 한다.

이제 소셜이라는 세계와 연결되지 않는 플랫폼은 성장할 수 없다. 오티스 챈들러가 주장한 '미니 인플루언서Mini influencers'는 출판 시장에 큰 메시지를 던졌다. 스마트한 저자와 독자들의 움직임에 대해 출판사와 유통 플랫폼의 관심이 높아지고 있다. 그러므로 과연 시장에서 주목할 만하고 영향력 있는 독자는 누구인지 파악해야 하며, 저자들의 활동에 따른 마케팅의 성과에 대해 더욱 민감해져야 한다.

마크 저커버그Mark Zuckerberg와 빌 게이츠Bill Gates가 추천하는 도서들이 소셜 네트워크를 통해 빠르게 전파되면서 출판 시장에 미치는 영향력은 매우 큰 편이다. 소셜 리딩 플랫폼을 통해 입소문이 나면서 발생하는 콘텐츠의 공유와 판매도 동일하다. 미니 인플루언서는 출판 시장의 변화를 주도하는 핵심 키워드가 됐다. 무수히 생성되는 굿리즈의 데이터는 미니 인플루언서의 중요성을 밝혀냈다.

결국 이용자들의 데이터를 많이 가지고 있는 플랫폼이 가치 확대에 유리한 구조를 갖추게 된다. 작은 접점 간의 활발한 네트워크는 시너지 효과를 낼 수 있다. 이미 굿리즈에는 5,000만 명의 미니 인플루언서들이 활동하고 있다. 굿리즈는 사업적으로 아마존과의 연계성이 더욱 강화될 것이다. 독서의 미래에 대해 전망한다면 가장 주목해야 할 플랫폼이 굿리즈다.

O2O와 옴니채널 플랫폼, 아마존북스

본격적인 O2O Online to Offline 의 시대가 열렸다. O2O는 온라인과 오프라인이 결합하는 현상이다. 협의의 관점에서 O2O는 온라인으로 고객을 유치해 오프라인 커머스를 지원하는 것을 의미했다. 그러나 현재는 O2O를 광의의 관점에서 보는 시각이 일반적이며, 온라인에서 오프라인으로의 연결 또는 오프라인에서 온라인으로의 연결 모두를 O2O로 보고 있다.[5]

O2O 트렌드는 스마트폰이 본격적으로 보급되면서 더욱 빠른 속도로 퍼지고 있다. 모바일과 스마트 디바이스 환경에서는 구매 행위가 더 많은 비중을 차지하고 있으므로 M2O Mobile to Offline 라고 불리기도 한다.

최근 아마존은 오프라인 채널로의 확장을 본격화하고 있다. 모바일 환경이 강화되면 사람들이 움직이는 반경도 자신이 연결돼 있는 네트워크의 흐름에 좌우될 가능성이 높다. 이미 아마존은 픽업 형태의 락커 서비스를 통해 고객들이 주문한 상품을 찾아갈 수 있

5 'O2O, 커머스를 넘어 On-Demand Economy로', 디지에코 보고서, 2015.10.14. 황지현

게 만들었다.

아마존이 오프라인적인 면도 있다는 것을 고객들에게 각인시키기 위한 첫걸음으로 해석할 수도 있다. 이미 QR 코드[6]를 활용한 광고판 등을 통해 모바일로 접속한 후 실물 상품을 편리하게 주문하고 배송까지 받을 수 있는 서비스가 테스코TESCO를 통해 상용화됐다.

2011년 북미의 대형 오프라인 서점 체인이었던 보더스Borders가 법정 관리에 들어갔을 때 인수를 검토했을 만큼 아마존은 오프라인 거점 확보에 많은 관심을 기울이고 있다. 온라인과의 시너지 및 모바일과의 시너지를 함께 달성하기 위해 오프라인 거점을 확보하는 것은 고객에 대한 물리적인 편의를 제공하고 신규 사업 모델을 확장하는 측면에서 매우 중요한 전략적 선택이다.

아마존의 오프라인 채널 확보는 이처럼 가시적인 모습으로 드러날 전망이다. 실험하고 지속적으로 도전하는 것이 곧 아마존의 정신이기 때문이다.

GPS를 탑재한 각종 모바일 디바이스가 확산되면서 위치기반서비스 시장에 대한 기대도 높아지고 있다. 위치기반서비스는 이용자가 위치한 지역 매장에서 실질적인 구매로 연결시킬 수 있다는 점에서 지역 상점을 중심으로 효과적인 온라인 마케팅 수단으로 활용되고 있다.

아마존은 자사의 역량에 한정하지 않고 다양한 파트너의 자발적

6 흑백 격자 무늬 패턴으로 정보를 나타내는 매트릭스 형식의 이차원 바코드

참여를 유도하는 오픈 사업 모델을 적용하면서 사업을 확장하고 있다. 아마존은 자신들의 성장에 발판이 됐던 제휴 프로그램을 통해 수많은 파트너를 판매 채널로 활용하고 있다. '아마존에서 판매하기Sell On Amazon'를 통해 판매 가능한 상품 수를 획기적으로 증가시켜 판매 규모를 확장했으며, 이미 아마존의 판매 품목 수는 월마트의 15배 이상이다.[7]

아마존은 거대한 허브를 만들어 그들의 실물 및 비실물 상품을 편리하게 유통할 수 있는 하이브리드 채널을 구축하고 있다. 자사의 역량으로 상품과 서비스의 확장이 어려운 분야는 기존의 방식에 큰 변화를 주지 않는다. 모든 의사결정의 핵심은 언제나 고객에게 기대 이상의 만족감을 줄 수 있느냐에 달려 있다. 그리고 투자와 인수 합병을 통해 같은 배를 타게 되는 임직원들은 아마존의 철학과 정신을 함께 달성하기 위해 노력한다.

조사 전문 기관 스타티스타Statista의 자료에 따르면, 2014년 미국의 온라인 쇼핑 규모는 약 3,000억 달러며, 2018년까지 약 4,800억 달러 이상으로 증가할 것으로 전망됐다. 실제로, 온라인 서비스 강화를 통해 매출을 확대하려는 대형 유통사들의 노력은 상당하다.

오프라인의 절대 강자인 월마트는 2011년 전체 매출액의 2퍼센트를 온라인 판매에서 올리는 등 아마존과 상반된 실적을 보였다. 이에 따라 월마트는 온라인 매출을 확대하기 위해 온라인 플랫폼 전문 기업 다섯 개 사를 인수하는 데 3억 달러 이상을 투자했다.

7 '아마존의 끝없는 변신', 삼성경제연구소, 2010년 9월

월마트는 미국과 인도 등에서 온라인 관련 전문 인력도 300명 이상 채용하는 등 공격적인 면을 보였다. 또한 고객이 신용카드와 은행 계좌 없이 온라인에서 상품을 직접 구입할 수 있도록 페이 위드 캐시Pay with Cash 프로그램도 출시하는 등 아마존과의 차이를 줄이기 위해 전력을 다하고 있다. 온라인 채널에서 아마존에 밀리지 않겠다는 월마트의 강력한 전략적 투자는 경쟁을 넘어 생존이라는 관점에서 치열함마저 느낄 수 있다.

아마존과의 제대로 된 온라인 사업 경쟁을 위해 월마트가 반격의 카드를 꺼냈다. 2016년 8월 월마트는 온라인 쇼핑몰인 제트닷컴jet.com을 33억 달러에 인수한다고 발표했다. 월마트 창사 이후 최대 규모의 투자며 미국 스타트업 인수가로도 최대 금액이다. 오프라인에서 온라인으로 빠르게 변해가는 유통 환경에서 살아남는 일이 기업에 있어서 무엇보다 중요함을 다시 한 번 보여준 사건이다.

월마트의 온라인 쇼핑몰인 월마트닷컴은 2015년 매출액이 137억 달러에 그쳤다. 이는 월마트 전체 매출 4,821억 달러의 3퍼센트, 아마존 매출 1,070억 달러의 12퍼센트 수준이다. 월마트의 CEO인 더그 맥밀런은 "전자상거래에 최우선순위를 두고 있지만 성장에 너무 오랜 시간이 걸린다."라고 말하면서 제트닷컴 인수를 통해 빠른 추격에 나설 계획임을 내비쳤다.

이번 인수를 통해 월마트는 '아마존 킬러'로 불리는 제트닷컴의 창업자인 마크 로어를 영입했다. 그는 온라인 유아용품 쇼핑몰 '다이퍼스닷컴'과 식료품 쇼핑몰 '솝soap닷컴', 애견용품 쇼핑몰 '웨그

닷컴'을 연속해서 히트시킨 인물이다. 아마존은 2010년 다이퍼스 닷컴의 모회사인 쿼드시Quidsi를 5억 5,000달러에 인수했는데, 마크 로어는 당시 아마존에서 2년 동안 근무했다. 이때의 노하우를 가지고 아마존을 나와 세운 회사가 바로 제트닷컴이다. 온라인 유통 사업에서 월마트와 아마존의 간극이 앞으로 얼마나 좁혀질 수 있을지 주목된다.

아마존은 2011년 12월 프라이스 체크price check 앱으로 상품의 가격 정보를 확인한 후 구매하는 경우 5퍼센트를 할인해주고, 세 가지 품목을 구매할 경우 최고 15퍼센트까지 할인해주는 이벤트를 제공해 선풍적인 인기를 끌었다. 프라이스 체크 앱은 아마존이 올해 초 선보인 iOS용 앱으로, 오프라인 매장의 상품 정보를 카메라로 읽어 아마존의 상품과 가격을 비교해준다.

하지만 소규모 오프라인 매장 업체들과 관련 기관들은 아마존의 프라이스 체크 앱이 반경쟁적 행위라며 강하게 반발했다. 아마존의 프라이스 체크 앱 때문에 자신들의 상품을 둘러보던 고객들이 구매 직전에 매장을 떠난다는 것이었다.

이렇게 아마존은 온라인 사업자의 입장에서 외부의 오프라인 사업자들과 철저하게 경쟁했다. 하지만 O2O와 옴니채널Omni channel[8] 등 채널 간의 경계가 무너지자 아마존은 오프라인에 대한 관심을 나타내고 전략적 대응을 내놓기 시작했다. 대표적인 사례가 새로운

8 소비자가 온라인, 오프라인, 모바일 등 다양한 경로를 넘나들며 상품을 검색하고 구매할 수 있도록 한 서비스. 각 유통 채널의 특성을 결합해 어떤 채널에서든 같은 매장을 이용하는 것처럼 느낄 수 있도록 만든 쇼핑 환경을 말한다.

오프라인 매장의 오픈이었다. 기존에 온라인에서 주문한 상품을 찾아가는 락커locker형 무인 시스템은 아니었다(최근 아마존은 일부 대학교를 통해 락커 서비스를 오픈하고 있다). 새로운 아이디어 및 솔루션을 바탕으로 새로운 공간을 만들 것이라는 기대가 쏟아졌다. O2O와 옴니채널 관점에서 아마존이 대대적으로 선보인 것은 바로 아마존북스였다.

2015년 11월 아마존은 본사가 있는 시애틀에 오프라인 서점인 아마존북스Amazonbooks 1호점을 열었다. 과거에 킨들 등 일부 상품을 판매하는 팝업pop up 매장을 운영한 적이 있지만, 상설 매장은 이번이 처음이었다. 아마존북스는 아마존 사이트에서 별점 네 개 이상을 받은 책 5,000~6,000종을 판매하기 시작했다. 지역 고객 특성에 맞는 자체 큐레이션 기능을 이용해 고른 책들도 구비했으며, 모든 책의 가격은 아마존 온라인의 판매 가격과 동일했다.

● 아마존북스 1호점 내부

이슈와 테마별로 책을 진열했고, 아마존의 디지털 디바이스들도 체험할 수 있게 공간을 만들었다. 쇼케이스showcase에 배치된 대부분의 책은 표지가 전면을 향하도록 진열했다. 시인성을 강화하고 온라인에서 책을 보는 것 같은 느낌을 그대로 이어주면서 다른 오프라인 서점과의 차별화를 시도한 것이었다. 리뷰 결과가 좋았거나 별점이 높은 책들을 우선적으로 진열했다.

아마존북스에서 전용 앱을 통해 바코드를 찍으면 책에 대한 상세한 소개와 가격 정보를 확인할 수 있다. 이런 고객 관련 데이터는 실시간으로 체크할 수 있으므로, 어떤 고객이 어떤 책에 관심을 가지고 어떤 책을 구입하는지 등을 파악함으로써 큐레이션의 완성도를 높일 수 있다.

오프라인으로 확보된 모든 데이터도 아마존 클라우드를 통해 안정적으로 구축되며 모든 시스템이 유기적으로 빠르게 움직인다. 매장을 내면 낼수록 이런 전략은 더욱 강화될 것이다. 매장 공간이 크지 않더라도 고객 데이터를 기반으로 한 아마존만의 철저한 유통 관리 시스템 덕분에 상품 회전율이 높아져 다른 오프라인 서점보다 운영 면에서 더 효율적일 수 있다.

아마존북스는 아마존의 임직원들이 추천하는 책을 소개하는 코너도 마련했다. 제프 베조스는 개빈 드 베커의 『공포의 선물The Gift of Fear』, 게리 채프먼의 『다섯 가지 사랑의 언어The Five Love Languages』, 매킨지 베조스의 『함정Traps』 등을 추천했다.

아마존은 아마존북스를 통해 책 외에 전자책 단말기 킨들, 태블릿 PC 파이어, 음성인식 단말기 에코 등 자사의 스마트 디바이스도 판매한다. 향후 신상품을 출시할 때도 이곳에서 바로 구입할 수 있도록 할 계획이다. 새 매장을 시작으로 아마존은 애플의 방식처럼 오프라인 접근성을 높일 수 있으며, 고객은 원하는 책을 결제한 후 바로 손에 들고 펼쳐볼 수 있게 됐다.

아마존북스의 내부 창가에는 고객들이 책을 읽을 수 있는 공간도 마련됐다. 전체 서점 규모가 크지 않은 탓에 그다지 넓진 않지만, 사람들이 일렬로 앉아 진열대에서 가져온 책을 보거나 각 자리에 놓여 있는 킨들과 파이어를 사용하기에는 충분한 공간이다. 이처럼 아마존북스는 온 · 오프라인 도서 쇼핑의 장점을 통합시킨 매장을 만들기 위해 20년의 온라인 책 판매 경험을 적용했다

아마존이 향후 300~400개에 이르는 아마존북스 매장을 개설할 것이라는 소문도 있었다. 이후 제프 베조스는 주주총회에서 그 개수를 특정하지는 않은 채 오프라인 서점을 확대하겠다는 뜻을 밝혔다. 개설이 예상되는 전체 매장의 개수로 보면, 오프라인 서점 체인을 주도하는 반스앤노블의 70~80퍼센트에 육박하는 규모다. 아마존이 오프라인 서점을 확대하는 것은 채널을 확장하면서 양질의 고객 데이터를 확보하기 위해서다. 아마존북스 2호점은 2016년 여름 샌디에이고 캘리포니아대학교 인근의 '웨스트필드 유니버시티 타운센터 몰'에 들어선다. 3호점은 포틀랜드 시가지 외곽인 '워싱턴스퀘어 쇼핑몰'로 알려졌다. 이처럼 미국 주요 거점 도시에 아마존북스가 계속 들어설 전망이다.

종이책은 아마존이 처음부터 유통했던 상품으로 프로세스 관리에 유리하며, 분야가 세분화돼 고객의 선호도를 체크하기 용이하다.

또한 매장 내에는 자사의 각종 디지털 상품을 비치함으로써 충분히 체험하는 공간을 제공할 수 있다. 디지털 상품의 특성상 직접적인 체험은 소구력을 높이는 데 큰 역할을 하며, 사용자 관점에서 입소문의 진원지가 되기도 한다. 고객 클레임에 대한 즉각적인 면대면 응대가 가능하다는 점도 고객 만족도를 높이는 요소다.

만약 아마존북스가 반스앤노블을 오프라인 시장에서 잡는다면 출판업계는 그야말로 '아마존 모노폴리monopoly(독점)'의 시대를 맞이할 것이다. 이미 아마존은 미국 내 신간 유통의 40퍼센트, 전자책 시장의 60퍼센트를 점유하고 있다. 반스앤노블마저 무너진다면 출판업계는 온라인과 디지털을 향해 빠르게 변화할 것으로 예상된다. 아마도 출판 유통 산업의 독과점에 대한 정부 차원의 규제가 진행될 수도 있다.

최근 반스앤노블은 라이프스타일 브랜드 관점에서 매장 내의 종이책 판매 공간을 줄이고, 장난감과 주류를 판매하는 등 취급 아이템을 다양화하는 데 주력하고 있다. 이에 따라 열성 독자의 입장에서 보면, 이제 반스앤노블보다 아마존이 더 '서점 같은 서점'의 모습으로 인식될 수 있다. 그만큼 고객의 패턴을 제대로 이해하고 시스템을 최적화할 수 있는 역량이 매우 중요해졌다. 아마존북스는 온·오프라인의 유통 사업자가 집중해야 할 전략적 목표뿐 아니라 그 실행 방법까지도 잘 보여주고 있다.

아마존은 아직도 역사의 첫날(Day1)에 있다

지금 이 시각에도 아마존은 하나의 생명체처럼 비즈니스 현장을 흘러가고 있다. 마치 아마존이 손을 대지 않는 곳은 성장 가능성이 희박한 산업이라고 말하기라도 하듯, 최근 아마존은 여러 분야에서 놀라운 사업 확장력을 과시하고 있다. 아마존의 사업 확장은 재벌 그룹의 문어발식 확장과는 다르다. 외형을 부풀리기보다는 각 사업 간의 효과적인 연결을 통해 시너지 창출을 먼저 생각했다.
"일반 상품과 콘텐츠 카테고리의 확장이 우선인가?", "ICT 경쟁력 확보가 우선인가?", "아니면 미래 사업을 위한 기반 확보가 우선인가?" 등의 질문에서 엿볼 수 있는 것처럼, 전략적 분석과 실행은 수많은 사례를 경험한 아마존 경영진에게 즐거운 도전이었다.
4차 산업혁명의 시대가 열렸다. 인터넷을 통한 이커머스 시장을 지배하고 있는 아마존은 채널 확장에 주력하고 있다. 2015년 오프라인 서점 아마존북스에 이어 2016년부터 무인점포 아마존고Amazon Go를 운영하고 있다. 매장 내 카메라 센서와 소비자들의 사용한 전용 앱을 통해 데이터는 아마존의 미래 유통 전략에 큰 역할을 하고 있다. 이외에도 아마존은 금융, 보험, 인공지능, 로봇, 블록체인, 주유소, 광고 등 도전을 멈추지 않고 있다.

아마존은 2012년 한국 법인을 출범시켰다. 이후 AWS와 아마존에 한국 상품을 판매하는 사업에 주력하고 있는 한국 법인이 성장을 거듭하고 있다. 한국 진출에 대한 여러 의견과 전망이 나오고 있다. 글로벌 사업 확장 전략에 비춰보면, 디지털 콘텐츠 서비스를 선두로 한 진출이 예상된다. 안정화를 이루면 대대적인 상품 확장으로 연계할 것이다. 물론, 기존 사업자에 대한 지분 투자 또는 인수합병 카드도 배제할 수 없다. 만약, 현실이 된다면 한국 내 관련 시장은 치열한 경쟁을 통해 새로운 지형도가 그려질 것이다.

아마존이 좀 더 본격적으로 국내에 진출한다면 유통, 콘텐츠, ICT 시장의 변화를 촉발할 것이다. 이에 따라 치열한 경쟁을 통해 다수의 고객으로부터 선택받는 기업이 성장하고, 더 좋은 서비스를 제공하는 생태계로 발전할 것으로 기대된다. 이를 위해 고객뿐 아니라 가치사슬을 구성하는 모든 관계자가 상호 발전하는 구조를 만들어낼 투명한 경영과 사회 공헌 활동도 병행돼야 한다. 아마존과 제프 베조스가 지금껏 보여줬던 사업 전략과 리더십 원칙을 벤치마킹하는 한국의 기업과 경영자가 많아지길 기대한다.

"아마존은 '대마불사too big to fail'가 아니며, 언젠가는 파산할 것이다. 우리가 할 일은 이 시점을 최대한 늦추는 것이다. 우리가 고객 대신 스스로에게만 관심을 두기 시작하면 그것은 종말의 시작이다"

2018년 11월, 제프 베조스가 아마존 시애틀 본사에서 열린 전체회의에서 말한 내용으로, 항상 경계심을 갖고 고객에 집중해야 한다는 메시지를 강조했다. 무엇보다 급성장 중인 아마존이 현실에 안주하지 않도록 직원들에게 경각심과 미래를 적극 대비하라는 포석으로도 해석된다. 실제 아마존의 임직원 수는 60여만 명 수준에, 주가도 2013년 이후 4배 이상 상승했다. 성장의 역효과인지 여러 견제도 이어지고 있다. 이에 대해 아마존과 제프 베조스는 "우린 대기업이고, 거대 기관이 정부 조직이든, 민간 기업이든 그 종류와 상관없이 조사를 받는 것은 당연한 일"이라고 밝혔다. 아마존이라는 거대한 플랫폼이 앞으로 보일 행보는 세계 기업사에서 매우 중요한 자리를 차지할 것이다.

아마존은 온라인에서 시작한 최초의 100년 기업이 될 확률이 가장 높은 브랜드다. 아마존이 시장에 진출하는 분야는 기존 사업자들이 크게 흔들리고 있지만, 고객 중심적인 혁신과 투자는 더욱 활발하게 일어나고 있다. 너도나도 'OO의 아마존'이 되겠다고 선언하는 기업들도 늘어나고 있다. 그만큼 아마존은 미래 기업의 전형을 만들어가고 있다. 최근 미국에서 아마존의 제2 본사[HQ2]의 입지 선정과 관련해서 논란이 이어지고 있다. 그만큼 아마존은 도시 경제와 사회문화적으로 큰 영향력을 미치고 있다. 필자는 계속해서 아마존의 끝없는 도전과 성장을 지켜보면서 기록을 이어갈 것이다. 이 책을 선택하고 완독해주신 독자 여러분께 진심으로 감사의 마음을 전한다.

류영호

| 참고 문헌 |

참고 도서

- 『기업의 천재들』, 말글빛냄, 진 랜드럼 지음, 2006년
- 『롱테일 경제학』, 랜덤하우스코리아, 크리스 앤더슨 지음, 2006년
- 『경영의 미래를 말하다』, 교보문고, 시아란 파커 지음, 2007년
- 『클라우드의 충격』, 제이펍, 시로타 마코토 지음, 2009년
- 『딜리버링 해피니스』, 북하우스, 토니 세이 지음, 2010년
- 『물류 및 공급체인관리』, 한국맥그로힐, Simchi Levi 지음, 2010년
- 『아마존은 왜? 최고가에 자포스를 인수했나』, 북로그컴퍼니, 이시즈카 시노부 지음, 2010년
- 『혼창통, 쌤앤파커스』, 이지훈 지음, 2010년
- 『스마트TV 혁명』, 21세기북스, 고찬수 지음, 2011년
- 『클라우드 컴퓨팅 구현 기술』, 에이콘출판, 김형준, 조준호 외 지음, 2011년
- 『IT 천재들』, 미래의 창, 이재구 지음, 2011년
- 『리틀벳』, 에코의서재, 피터심스 지음, 2011년
- 『IT 천재들』, 미래의 창, 이재구 지음, 2011년
- 『거장들과의 저녁 만찬』, 타임비즈, 존 번 지음, 2012년
- 『원클릭』, 자음과 모음, 리처드 L. 브랜슨 지음, 2012년
- 『무엇으로 읽을 것인가』, 흐름출판, 제이슨 머코스키 지음, 2014년
- 『아마존 세상의 모든 것을 팝니다』, 21세기북스, 브래드 스톤 지음, 2014년
- 『Day 1』, 북스톤, 김지헌, 이형일 지음, 2015년

참고 자료

- '아마존웹서비스(AWS)의 현황 및 시사점', 정보통신산업연구원, 정부연, 2002년 8월
- '빅데이터, 통신-은행-유통-의료서 세계적 활용', 디지털타임스, 2012년 3월 2일
- '쉼없는 혁신가 제프 베조스, 아마존닷컴 창업자', 신동아, 이남희, 2011년 1월호

- '아마존, 지구 최대의 인터넷서점', 지디넷코리아, 이재구, 2010년 7월
- '아마존의 콘텐츠 사업 동향과 향후 전망', 정보통신정책연구원, 공영일, 2011년 5월
- '닷컴 기업의 돌파구, 인수 합병과 제휴', LG경제연구원, 2001년 6월
- '세계 최초 인터넷서점, 끝나지 않은 닷컴 신화', 시사매거진, 2009년 8월 10일
- '주요 글로벌 IT 대기업의 최근 M&A 동향과 의의', 정보통신정책연구원, 이기훈, 2011년 8월
- '경영과학, 실제 수익으로 안내하는 길', DBR, Vol.58, 2010년
- '새로운 웹 환경과 신 비즈니스 모델의 미래 전망', 정보통신정책연구원, 2007년 12월
- 'e-book 신성장의 주역, 아마존', 삼성경제연구소, 2009년 5월
- '아마존의 킨들3 출시와 ebook 전략 변화', 정보통신정책연구원, 이은민, 2011년 9월
- '아마존이 표방하는 서비스 중심의 태블릿 시장', NIPA, 2011년 10월
- '클라우드 컴퓨팅, 4대 쟁점 해부', LG경제연구원, 배수한, 2010년 10월
- '진화하는 클라우드, 모바일의 변화를 이끈다', LG경제연구원, 김종대, 2011년 10월
- '모바일 시장에 부는 기회의 바람', 앱스토어, LG경제연구원, 김종대, 2009년 8월
- '모바일 커머스가 가져올 새로운 변화', KT경제경영연구소, 류한석, 2010년 10월
- '아마존의 끝없는 변신', 삼성경제연구소, 2010년 9월
- '아마존, 소셜 커머스 본격화', 한국일보, 2011년 7월 31일
- 'Big Data 시대가 가져올 비즈니스 패러다임의 변화', KT경제경영연구소, 류성일, 2011년 8월
- '해외 클라우드 컴퓨팅 활성화 사례', KT경제경영연구소, 최윤정, 노규범, 2011년 4월
- 'Amazon.com the Hidden Empire', faberNovel, 2011년 5월
- '클라우드와 빅데이터', IDG, 2012년 4월
- '세상을 바꾸는 클라우드 컴퓨팅의 미래', KT경제경영연구소, 김미점, 2011년 7월
- '아마존닷컴, 100년 기업을 꿈꾼다', 포스코경영연구원, 권웅기, 2015년 5월
- 'O2O, 커머스를 넘어 On-Demand Economy로', KT경제경영연구소, 황지현, 2015년 10월

| 아마존닷컴 주요 연혁 |

1994년

- 7월: 회사 법인 설립

1995년

- 7월: 첫 번째 도서 판매(『Fluid Concepts &Creative Analogies: Computer Models of the Fundamental Mechanisms of Thought』)

1996년

- 7월: 아마존 제휴 프로그램(Amazon Affiliate) 오픈

1997년

- 5월: IPO(기업 공개) 선언, 나스닥 상장('AMZN')
- 9월: 원클릭 쇼핑 오픈
- 11월: 델라웨어 뉴캐슬에 물류센터 오픈

1998년

- 2월: Advantage Program 오픈
- 4월: Internet Movie Database 투자 인수
- 6월: 뮤직스토어 오픈
- 10월: 첫 번째 해외 사이트 오픈(영국, 독일)
- 11월: DVD/Video 스토어 오픈

1999년

- 1월: 펀리, 네바다에 물류센터 오픈
- 3월: 아마존 옥션 오픈

- 4월: 커피빌, 캔자스 물류센터 오픈
- 5월: 캠벨스빌, 렉싱턴, 켄터키 물류센터 오픈
- 6월: 알렉사(Alexa) 인터넷 투자 인수
- 7월: Consumer Electronics, Toys & Games Stores 오픈
- 9월: zShops 오픈
- 10월: Tool Crib of the North's Online과 Catalog Sales Division 투자 인수
- 11월: Home Improvement, Software, Video Games, Gift Ideas Stores 오픈
- 12월: 미국 시사 주간지 「타임」 '올해의 인물'로 '제프 베조스' 선정

2000년

- 5월: 키친스토어 오픈
- 8월: '토이저러스' 제휴 / 아마존 프랑스 오픈
- 10월: 카메라&포토 스토어 오픈
- 11월: 아마존재팬 오픈

2001년

- 4월: '보더스그룹'과의 제휴 발표
- 8월: 인스토어 픽업 발표
- 9월: '타깃스토어'와의 제휴 발표
- 10월: Inside The Book 발표

2002년

- 6월: 아마존캐나다 오픈
- 7월: 아마존웹서비스(AWS) 오픈
- 8월: 'Free Super Saver Shipping Threshold to $25' 정책 발표
- 9월: Office Products Store 오픈
- 11월: Apparel &Accessories Store 오픈

2003년

- 4월: NBA(National Basketball Association)와의 제휴 발표
- 6월: Amazon Services, Inc. Subsidiary 설립
- 8월: Sports &Outdoor Store 오픈 / A9.com, Inc. 오픈
- 11월: Gourmet Food Store 오픈
- 12월: Health & Personal Care Store 오픈

2004년

- 4월: 주얼리 스토어 오픈
- 5월: The Bombay Company와의 제휴 발표
- 6월: 스코틀랜드에 소프트웨어 개발 센터 오픈
- 9월: 조요닷컴(Joyo.com Limited) 인수
- 10월: 알렉사닷컴 인터넷에 데이터 접근권 허용 / 뷰티샵 오픈
- 11월: 아마존 극장 오픈
- 12월: 미국 적십자 기부 채널 개설

2005년

- 1월: Diane Von Furstenberg Alliance 발표
- 2월: 아마존 프라임 회원 발표
- 4월: BookSurge LLC 인수
- 5월: Amazon Wedding 발표
- 6월: 아마존 창립 10주년
- 7월: CustomFlix Labs, Inc. 인수
- 8월: Amazon Shorts 오픈
- 9월: Hollywood Prescription 오픈
- 11월: New Gifting Experience 오픈

2006년

- 1월: 중국에서 조요닷컴 오픈
- 2월: '아마존 커넥트' 오픈 / shopbop.com 인수
- 3월: Amazon Simple Storage Service(S3) 출시
- 4월: Timex와의 제휴 발표
- 5월: Print-On-Demand Program for Book Publishers 발표
- 7월: Grocery Store 오픈
- 9월: Amazon Unbox 오픈
- 10월: New Automotive Parts and Accessories Store 오픈

2007년

- 1월: Endless.com 오픈
- 3월: Classical Music Blowout Store 오픈
- 9월: Public Beta of Amazon MP3 오픈
- 11월: Amazon Kindle 오픈 / Askville.com 오픈

2008년

- 2월: Amazon Currency Converter 오픈
- 3월: Facebook(R) Platform-Amazon Giver와 Amazon Grapevine 오픈
- 4월: Amazon TextBuyIt 오픈
- 6월: Fabric.com 투자 인수
- 8월: Abebooks 투자 인수

2009년

- 2월: Amazon Kindle 2 출시
- 3월: Kindle Application for iPhone and iPod Touch 소개
- 5월: Kindle DX 출시 / AmazonEncore 소개
- 10월: 자포스닷컴(Zappos.com) 투자 인수
- 12월: The Bestsellers Archive 오픈

2010년

- 1월: Kindle DX with global wireless 오픈
- 6월: Wheels Store 오픈
- 10월: BuyVIP.com 투자 인수 / 아마존 스튜디오 오픈

2011년

- 1월: LOVEFiLM International Limited 투자 인수
- 2월: The Domino Project Announces: 'Poke the Box' 추진
- 4월: Author Interview Series: Author Interviews@Amazon 오픈
- 7월: 아마존 클라우드 드라이브를 위한 스토리지 계획 발표
- 8월: 아마존 로컬 서비스 뉴욕에서 시작
- 9월: 킨들 도서관 서비스 지원
- 10월: 아마존 퍼블리싱, 공상과학 · 판타지 · 호러 전문 임프린트 '47North' 설립
- 11월: The Kindle Owners' Lending Library 오픈
- 12월: KDP Select 오픈

2012년

- 1월: 아마존 AWS 다이나모DB 오픈
- 3월: 로봇 물류 전문 기업 키바시스템즈 투자 인수
- 4월: 아마존 AWS, 클라우드서치 오픈
- 6월: 아발론북스(Avalon Books) 투자 인수
- 7월: 게임 개발자를 위한 게임 서클 오픈
- 8월: 대학교재(Textbook) 대여 서비스 오픈
- 9월: 킨들 페이퍼화이트, 킨들파이어HD 출시
- 10월: 아마존재팬, 킨들 스토어 오픈

2013년

- 1월: 아마존 오토립 서비스 오픈
- 2월: 아마존 코인 서비스 오픈

- 3월: 굿리즈 투자 인수
- 5월: 아마존 인도 진출
- 7월: Jet City Comics 출판사 신설
- 9월: Kindle MatchBook 서비스 오픈 / Kindle Fire HDX 공개
- 10월: TenMarks 투자 인수
- 11월: 오스트레일리아에서 킨들 스토어 오픈

2014년

- 4월: Amazon Fire TV 출시 / comiXology 투자 인수
- 6월: 프라임 뮤직(Prime Music) 출시
- 7월: 킨들 언리미티드(전자책 정액제형 무제한 서비스) 출시
- 8월: 아마존 로컬 레지스터 출시 / 트위치 투자 인수
- 10월: 킨들 스카우트 오픈

2015년

- 2월: 아마존 프라임 회원 10주년
- 3월: 아마존 클라우드 드라이브(Amazon Cloud Drive) 무제한 서비스 출시
- 4월: 아마존 비즈니스(Amazon Business) 출시
- 8월: 프라임 나우(1시간 내 배송 서비스) 시애틀 출시
- 10월: 아마존웹서비스, 'AWS IoT' 발표

2016년

- 1월: 아마존웹서비스, 한국 내 데이터센터 오픈
- 3월: Alexa–Enabled Devices(Echo Dot, Amazon Tap) 출시
- 4월: Amazon Payments 글로벌 파트너 프로그램 출시
- 6월: 아마존 인스파이어(디지털 교육 자원 무료 공유 서비스) 발표
- 7월: 영국 정부에서 드론 배송 파트너십 체결
- 10월: 아마존 프라임 리딩(Prime Reading) 출시

2017년

- 2월: AWS 아마존 차임(Amazon Chime) 출시
- 6월: 아마존 차트(Amazon Charts) 출시
- 6월: 홀푸드(Whole Foods Market) 인수
- 11월: 비즈니스 지원용 알렉사(Alexa for Business) 출시

2018년

- 1월: 제2 본사(HQ2) 지원 후보 선정 발표
- 4월: 개인용 알렉사 스킬(Alexa Skill) 지원
- 6월: 온라인 약국 필팩(PillPack) 인수
- 9월: 에코쇼(Echo Show) 신규 모델 발표

2019년

- 1월: 아마존 키(Key) 서비스 지원 프로그램 발표
- 2월: 홈 라우터 메이커 에로(eero) 인수
- 3월: 첫번째 전용 스킨케어 라인 벨리(Belei) 런칭
- 5월: 아마존 아랍에미리트(Amazon.ae) 오픈
- 6월: 미국 내 아마존 카운터(Counter) 출시

(자료 출처: Amazon.com Press Releases)

찾아보기

ㄱ

개인화 그룹 92
게임 서클 176
고객관리시스템 29
공급 사슬 101
공동체 38
구글 안드로이드 마켓 172
구글 플레이 175
구텐베르크 프로젝트 137
굿리즈 227
그라다팀 페로키테르 79
그루폰 124
기준평가관 39

ㄴ

넷스케이프 100
누크 145
뉴욕타임스 41

ㄷ

다이나모DB 205
대시 95, 215
대시 버튼 216
도미노 프로젝트 164
도어투도어 119

ㄹ

라이프 커머스 220
랜덤하우스 57
랩126 138
로컬 레지스터 123
론치패드 48
롱테일 121
리더십 원칙 35
리빙소셜 127
리전 195
리플레니시먼트 서비스 217

ㅁ

마르스 75
마이크로소프트 67
머신 러닝 75
메이데이 161
모바일 188
밀리터리 리쿠르팅 45

ㅂ

반스앤노블 18, 70, 113
백엔드 배치 프로세스 90
베이커앤테일러 58
베조스 익스페디션즈 45
벤더 플렉스 110
보더스 234
보이지 152
브랜드 33
브랜드 커넥트 인텔리전스 83
블랙프라이데이 157
블루오리진 77
비즈니스 인사이더 45
빅데이터 202
빅브라더 141

ㅅ
사물인터넷 103, 215
샵테인먼트 88
서브스크립션 180
소셜 리딩 229
소셜 커머스 123
쇼루밍 107
스낵 컬처 229
스크리브드 170
스타트렉 55
스타트업 챌린지 46
스트리밍 189

ㅇ
아르크 81
아마존 18, 59, 60, 64
아마존 게임 스튜디오 182
아마존 기버 129
아마존 로컬 127
아마존북스 238
아마존 비즈니스 122
아마존 실크 159
아마존 앱스토어 172
아마존 어소시에이츠 44
아마존웹서비스 22, 195, 217
아마존 위시리스트 44, 130
아마존 인스파이어 150
아마존카트 130
아마존 코인 177
아마존 퍼블리싱 164
아웃소싱 21
알고리즘 24, 27
알렉사 220
앱 내 결제 시스템 176
앱스토어 173
야후 25
어소시에이츠 프로그램 99
에이전시 모델 143
에코 220
에코 닷 222
에코 탭 222
예상 배송 118
오더블닷컴 178
오버드라이브 154
오아시스 151
오이스터 170
오토립 178
옥토콥터 224
옴니채널 237
워싱턴포스트 45, 82
워터스톤즈 148
원클릭 24
원클릭 운송 120
월드와이드웹 56
월마트 205
위스퍼캐스트 149
위키리크스 190
유통지원센터 112
인그램 58
입소문 마케팅 15

ㅈ
자포스 29
전자잉크 140
전자책 65, 137, 210
제이슨 머코스키 147
제프 베조스 40, 53, 64, 76, 156
존 도어 62
지불 의사 66

ㅋ
카니발라이제이션 65
카이젠 43
캐시 메이커 22
커머스 17
컴퓨터 리터러시 59
코보 161
콘텐츠 17
크로스 플랫폼 145
크리에이트 스페이스 165
클라우드 드라이브 22
클라우드 컴퓨팅 187
클라우드 플레이어 22
클라이너퍼킨스 62
클러스터링 90
키바시스템즈 101, 114
킨들 17, 139
킨들 데일리 딜 127
킨들 밀리언클럽 165
킨들 스카우트 155
킨들 언리미티드 169
킨들 클라우드 리더 166
킨들 파이어 102, 146, 156
킨들 퍼스트 168
킨들 프레스 155

ㅌ
테스코 234
테스트 드라이브 173
텐마크스 102
토이저러스 100
투트랙 150
트위치 102

ㅍ
파이어TV 162
파이어폰 67, 162
페이스북 딜즈 125
페이퍼화이트 152
포터모어닷컴 167
프라이스 체크 237
프라임 93
프라임 나우 97
프라임데이 97
프라임 스튜던트 98
프라임 에어 226
프라임 회원 216
프로젝트 윙 224
프록터앤갬블 110
플랫폼 171, 228
픽업투라이트 113

ㅎ
하둡 192
하버드 비즈니스 리뷰 76
혁신 43
협업 필터링 90
홈 서비스 219
후회 최소화 프레임워크 57

A
Amazonbooks 238
AWS 191, 198
AWS코리아 207

C
cash maker 22

D
dash 95

F

FBA 209
Fulfillment By Amazon 209

G

Get big fast 17

I

IaaS 189

L

launch pad 48

M

M2O 233
mobile to Offline 233

O

O2O 233
OLR 40
Omni channel 237
Online to Offline 233

P

PaaS 189
POD 166

S

SaaS 188
SCM 106
streaming 189

X

XML 196

Y

Yahoo 25

Z

Zappos 29

기타

1-Click 24

아마존닷컴 경제학 Amazonomics 개정판
인터넷 거상 제프 베조스의 성공 신화

초판 인쇄 | 2016년 8월 19일
2쇄 발행 | 2019년 7월 19일

지은이 | 류 영 호

펴낸이 | 권 성 준
편집장 | 황 영 주
편 집 | 조 유 나
디자인 | 박 주 란

에이콘출판주식회사
서울특별시 양천구 국회대로 287 (목동)
전화 02-2653-7600, 팩스 02-2653-0433
www.acornpub.co.kr / editor@acornpub.co.kr

한국어판 © 에이콘출판주식회사, 2016, Printed in Korea.
ISBN 978-89-6077-893-1
http://www.acornpub.co.kr/book/amazonomics-2e

이 도서의 국립중앙도서관 출판시도서목록(CIP)은 e-CIP 홈페이지(http://www.nl.go.kr/cip.php)에서 이용하실 수 있습니다. (CIP제어번호: 2016020140)